提问诸子丛书　黄坤明 主编

提问孙子

战略巨子
兵学鼻祖

郭志坤　陈雪良 著

上海人民出版社

图书在版编目(CIP)数据

提问孙子/郭志坤,陈雪良著.—上海:上海人民出版社,2017
(提问诸子丛书/黄坤明主编)
ISBN 978-7-208-14249-7

Ⅰ.①提… Ⅱ.①郭… ②陈… Ⅲ.①孙武—人物研究 Ⅳ.①K825.2

中国版本图书馆CIP数据核字(2016)第303130号

出版统筹 孙 瑜
责任编辑 郭立群
装帧设计 范昊如

·提问诸子丛书·
黄坤明 主编
提 问 孙 子
郭志坤 陈雪良 著
世 纪 出 版 集 团
上海人民出版社出版
(200001 上海福建中路193号 www.ewen.co)
世纪出版集团发行中心发行 上海中华印刷有限公司印刷
开本 720×1000 1/16 印张 9.75 插页 4
2017年1月第1版 2017年4月第2次印刷
ISBN 978-7-208-14249-7/B·1230
定价 58.00元

提问诸子丛书

总　序

黄坤明

读诸子百家书，发觉古贤的思维模式有一个显著特点：善于提问。“孔子入太庙，每事问。”（《论语·八佾(yì)》）这个典故是人们熟知的。说孔子来到祭祀周公的太庙，提问频率之高，问题触及面之广，使亲历其境的人们感到惊异：都说孔子知礼，怎么还提问不断呢？面对发问，孔子的回答既简洁又精彩：“是礼也！”其意是讲，我是个善于提问的人，善于提问才使我真正知礼啊！这是发生在孔子早年的事。“三十而立”后的数十年间，无论是教学弟子，还是答问友朋，或者与列国君臣周旋，孔子都喜欢用提问的方式来探求真知。在诸子中，孔子的影响是最大的，用司马迁的话说，是“学者宗之”的。正因为如此，孔子倡导的提问式思维模式影响了一代又一代文人墨客，成为中华文化的好传统。

提问对人来说真是个奇妙的东西，它会使人兴奋，使人坐卧不安，使人有索解的欲望，使人有不倦的探求精神。一个问题解决了，又会有新的问题产生。任何一个人都永远生存于提问和被提问之中。我们完全可以这样说，提问是驱动思想发展的真正的“永动机”。

我们常说，理论始于问题，科学始于问题，我们又何尝不可以说，学习始于问题呢？

我们常说，提出问题往往比解决问题还要难，其价值也往往更大。善于提问，敢于提问，正是孔子等先哲留给我们的一份极为珍贵的遗产。

我们着手策划这套有关前贤先哲的丛书的时候，孔子等先哲倡导的

“提问”思维模式一下激活了我们这些后学的思维。先哲们的思想是不朽的。为何不把先哲请到“前台”进行访谈呢？他们的身世如何？他们是怎么生活和学习的？为了传播学说，他们又是怎样远行千里的？说是学习，他们有没有实际意义上的课堂？他们手里捧着的又是何种意义上的“书本”？他们四处游说的学术主旨是什么？……甚至他们穿的服饰、吃的食品、驾的车辆都会在我们的心头形成一个个有情有趣、有滋有味的问题。

有鉴于此，我们将这套丛书取名为“提问诸子丛书”。这里有跨越时空的对话、通俗流畅的语言、富含哲理的剖析、见解独特的解说、图文并茂的装帧、考之有据的典章、实地拍摄的文物图片。我们所做的一切，都是冀望读者能喜欢这套独具特色的图书。

2010年春于杭州

目　录

前言

如果说，孔子是华夏民族前无古人的“文圣”的话，那么，孙子则是中国古代当之无愧的“武圣”。他给世人留下的那部《孙子兵法》，被公认为是中国古代最早最杰出的兵书，也是世界军事史上第一部价值连城的伟大军事理论著作，有着“兵学圣典”“百世兵家之师”的美誉，有识见的学人和政治家称之为“东方兵学的鼻祖”“世界古代第一兵书”。“二战”名将蒙哥马利读后，曾经深情地说：“世界上所有的军事院校，都应该把《孙子兵法》一书列为必修课。”

孙子在《孙子兵法》中提出的全国全军的慎战观、因形任势的制胜学、不战而屈人之兵的全胜论、兵贵神速的作战思想，成为永不凋谢的思想之花，时日愈久，愈呈现出它的魅力。这部作品博大精深的思想内涵，犹如一座发掘不尽的富矿，不同时代的人们都可以从中开采到需要的矿源。

两千多年来，整理和研究《孙子兵法》的专著不可胜数。人们已经大大超越纯军事论著的范畴，进而探究这部作品中蕴含着的丰富而深刻的哲学、文学、政治、经济元素，从而运用到自己的现实生活中去。当市场经济主宰世界的时日到来之时，又有人将它视为“商战经典”，以为商战中的时间观念、效益问题、经营策略、组织原则、选才用人等，都可以从中寻找到指南。市场经济牵动着当代所有人的每一根神经末梢，看来，这部作品步入“寻常百姓家”只是个时日问题了。

第一章 兵家渊源

一定意义上说，人总是时代的产儿。哪怕你的天分再高，是个超凡脱俗的贤者、圣者，只要细细审视你的思想脉络，都会发现家庭、社会、时代给你打上的某种印记。在公元前6世纪的中叶，也就是中国历史上的春秋中期，在齐国的陈氏家族中，出生了一位后来被称为“武圣”的孙武。为何“武圣”出生在“无义战”的春秋乱世？为何他会与齐国血脉相连？为何他只能是陈氏家族的儿子？为何他的杰作会出现于南方的吴国？这些都是值得我们加以研究的。

一问孙子

在说您的兵家学说的渊源之前，有一个问题得请教：历史上对于是否真的存在一个作为武圣的“您”，一直存在着分歧，而且争论还相当的激烈。对此，您能否做一点有说服力的解说？

司马迁像

孙子： 错了，你们说对孙武这个人是否真的存在“一直存在着分歧”，这话本身就错了。谁说“一直”有分歧？我看，司马迁写《史记》时就没有什么分歧。司马迁是严肃的，如果有分歧，或感到吃不准时，他会用“或曰”这样的虚笔来表述，以引起读者的注意。“或曰”者，有此一说也。司马迁在《老子韩非列传》中论述老子时，在《孟子荀卿列传》中论述墨子时，都多次用了“或曰”字眼，那是因为的确有不同看法，或事实模糊不清。可是，他在写《孙子吴起列传》时，没有用过一个“或曰”，说明在他看来他写的那些都是确有其事的，而且无可争议的。写我将《兵法》十三篇献给吴王阖闾时，写得是那样的细腻，那样的绘声绘色，不是确有其事、确有其人，太史公能写得出来吗？后来，东汉人赵晔在《吴越春秋·阖闾内传》中写我的传略和事迹时，也没有分歧。他用的笔墨更浓重，描写也更细致。写我孙武帮助伍子胥“十年归报楚王仇”，写得那样的有声有色、有情有趣。司马迁离我四百来年，赵晔离我六七百年，他们都相信我作为一个军事思想家是真实存在过的，你们怎么会以为我的存在“一直存在着分歧”呢？这个观念应该纠正。

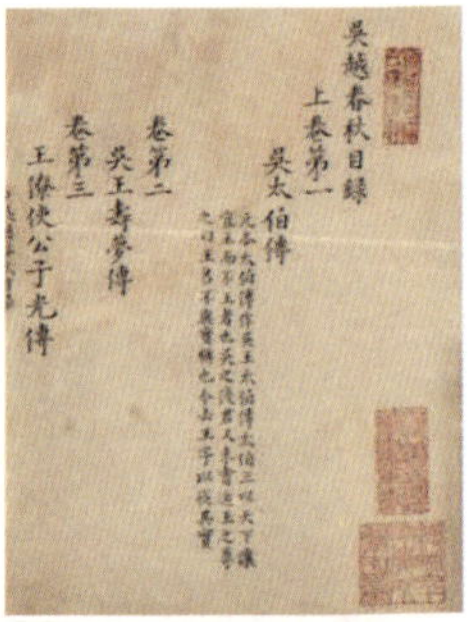

《吴越春秋》书影

《吴越春秋》，东汉赵晔撰，是一部记述春秋时期吴、越两国史事为主的史学著作。大量取材于《左传》《国语》《史记》《越绝书》等史籍，但不拘泥于史实，加入一定的虚拟夸张成分，同时又采摭掺入了不少逸闻传说，所记吴越史事远较他书为详，是研究吴越历史和吴越文化的重要文献。

不过，我们读过南宋时大学者叶适的《习学记言》一书，他在书中说："左氏无（孙武）传。凡司马穰苴、孙武者，皆辩士妄想标指，非事实。"他这样说，后人就有人附和，说这一论断"破千古之惑"。在一些人的心目中，您的是否存在真的成了所谓的"千古之惑"了。先生，您看，对此该怎样解说呢？

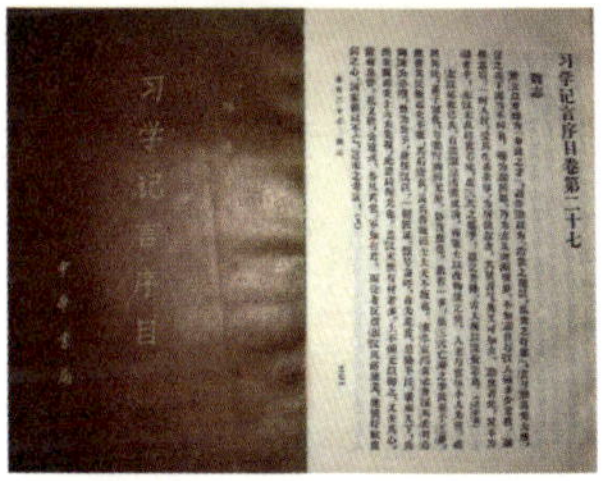

叶适像及《习学记言序目》书影

孙子：叶适其人是公元十二三世纪的人，离我已有一千七百来年。他说的话与离我较近的司马迁说的话，谁更靠得住，不用我辩白，应该是不言自明的。叶适是南宋后期的大学问家，由他带领的永嘉学派主张的事功精神，我很崇敬，但唯有首创说"我"这个人是"妄想"出来的这件事使我很不高兴。

凡是《左传》无传的人都是靠不住的吗？不见得。我可以作这样的解说：其一，春秋二百四十年间，行事不见于经传者多矣，尤其不见于《左传》的，不独我孙武一人。《左传》是儒家经典，对像我这样离经叛道的兵家中人，看不上眼以至于弃而不置笔墨，也是在情理中的事。其二，我孙武大破楚军后，虽说还参与了一些吴国的国事，但看到后期吴王阖闾的变态、新吴王夫差的专横，就决意退隐了。尤其是目睹自己的密友伍子胥的悲苦结局，也就立意功成而不受官，将战功全归于子胥，所以《左传》不著我名也就顺理成章了。其三，《左传》以鲁史、晋史为底本，写人述事以中原诸国为主，对地僻南隅的吴国事记得不多，也是可理解的。其四，《越绝书》为东汉初年人根据吴越旧有史料整理而成，整理人为吴越人，东汉去古未远，书中记述应是靠得住的。其中说吴有"孙武之冢"，既有死后的"冢"，那当然得有生前的"人"了。怀疑我这个人的存在实在是大笑话一个了。

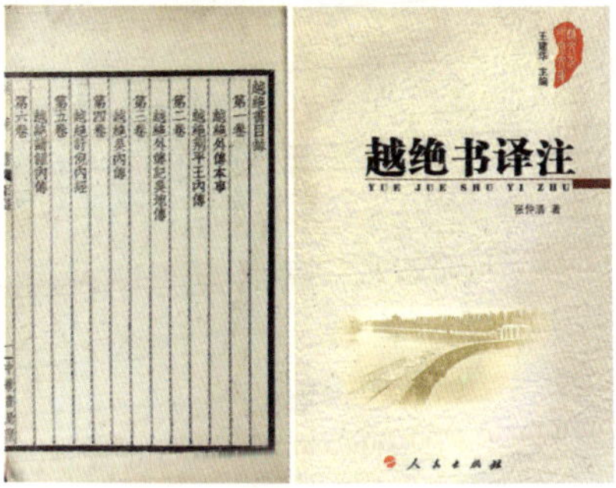

《越绝书》（目录）及《越绝书译注》书影

《越绝书》所记载的内容以春秋末年至战国初期吴越争霸的历史事实为主干，上溯夏禹，下迄两汉，旁及诸侯列国，对这一历史时期吴越地区的政治、经济、军事、天文、地理、历法、语言等多有所涉及。

后世有人说到，《孙子兵法》书中的某些记述与先生作为春秋时人对不上号，从而怀疑该书是否真是孙武所著。比如，《孙子兵法·作战》："凡用兵之法，弛车千驷，革车千乘，带甲十万。"清代大学者姚鼐就质疑说："春秋大国用兵不过数百乘，未有兴师十万者也。"（《姚姬传全集》）由此推断出《孙子兵法》一书"实非孙武所著"，这种推断似乎也有些许道理，您说呢？

姚鼐像

姚鼐，字姬传，清代著名散文家，与方苞、刘大櫆称为"桐城三祖"。任礼部主事、四库全书纂修官等，年才四十，辞官南归，先后主讲于扬州梅花、江南紫阳、南京钟山等地书院四十多年。著有《惜抱轩全集》等。

孙子： 这是因为相当多的学问家没有将春秋中后期各国兵力的实际情况弄准确所至。我是春秋中期偏后的人，当时一些大中国家的实际兵力已经超过十万。就拿晋国来说，在春秋中晚期，据史籍记载兵力至少达四千九百乘，一乘以三十人计，则有十五万上下的兵员，还不包括徒步而行的军队。吴鲁齐艾陵之战，齐国丧失兵车八百乘，全部兵力有数千乘，说这时齐国有兵员十余万不为过。楚国楚灵王时，陈、蔡等四县的兵力有四千乘。陈、曹在春秋时期只能算是二三等国家，兵力也有十来万人，这足以证明我所说的"驰车千驷，革车千乘，带甲十万"是真实的。从秦始皇陵铜车马的豪华气派也可想象当年车乘的盛况。最为有力的证据是，战国时骑兵才兴起，而在《孙子兵法》一书中没有提到"骑卒"，甚至全书没有一个"骑"字，凡说战争，全数说的是车战，这更充分说明书中内容与我的春秋时生年是完全吻合的。

秦始皇陵铜车马

《孙子兵法》中有五次称“君”为“主”，清代的大学者姚鼐以为：“田齐、三晋为诸侯，臣乃称君为主。‘主’在春秋时，大夫称也”(《姚姬传全集》)。意思是说，在春秋时，大夫的属僚称大夫为“主”，只有到战国时才把国君称为“主”。《孙子兵法》一书称国君为“主”，可见该书不是春秋时作品，当然也不是您的作品了。后来不少人都附会这种说法，因为老子说过“奈何万乘之主，而以身轻天下”(《老子·二十六》)这样的话，钱穆还定老子为战国时作品呢！一个“主”字，成了一个久疑不决的悬案，对此，您作何解说？

李学勤像

李学勤，著名历史学家、古文字学家。他注重将文献与考古学、古文字学成果相结合，在甲骨学、青铜器及其铭文、战国文字、简帛学，以及与其相关的历史文化研究等领域，均有重要建树。

孙子： 这里面的学问似乎更大，解开这一悬案不易。1985年，李学勤发表《东周与秦代文明》一书，其中说到陈璋壶铭“惟王五年”时，指出：“或读‘王’字为‘主’是不对的，田齐陶文，‘王’字常有上面一点。”老子为陈国人，陈田一姓，齐国陈田氏有“王”字上面加点的习惯。因此，“万乘之主”，实为“万乘之王”。后来马王堆汉墓帛书《老子》皆作“万乘之王”。我的情况与老子一样，我的祖上也是陈国人，又世居齐地，《孙子兵法》一书中的“主”字，亦当作“王”解，这样与春秋时代的称谓没什么冲突了。

《东周与秦代文明》书影(上海人民出版社出版)

五问孙子

《孙子兵法·九地》篇中有这样的说法："霸王之兵，伐大国，则其众不得聚；威加于敌，则其交不得合。"这是讲"霸王之兵"的战斗神速，敌人还来不及聚集全国的力量，敌人的盟国还来不及救助，就一下把它打败了。问题是，有些学者提出，"霸王"一词见于战国时著作中，因此断定该书非春秋时的您孙武所著。这样判定，您心服吗？

吴起像

吴起，战国初期著名的政治改革家，卓越的军事家。后世把他和孙武连称"孙吴"，著有《吴子》，《吴子》与《孙子》又合称《孙吴兵法》，在中国古代军事典籍中占有重要地位。吴起，深受到孙武军事思想的影响。今存《吴子·料敌》篇记吴起曰："所谓见可而进，知难而退也。"这段话，显然是《孙子》关于"料敌知胜，计险厄远近""进不求名，退不避罪"（《地形》篇）论述的详解和发挥。

孙子：当然不服。其一，在春秋时期及其以前很长的历史时期中，"伯""霸"可以互训。《史记·齐太公世家》："昭公元年，晋文公败楚于城濮，而会诸侯于践土，朝周，天子使晋称伯。"张守节《正义》："伯音霸。"其实义亦为霸。其二，其实，这里我说的"霸王"，就是"王"字上有一点的"主"字。上面说了，齐国陈田氏有在"王"字上加点的习惯，有时，又会有"主"字去点的习惯，这种习惯在《国语》等书中也有，把"霸王"与"霸主"混用。因为用了"霸王"一词就断定是战国时用语，是武断的。后世学者认定，战国初期的军事家吴起深受我思想影响，把我和吴起连称为"孙吴"，仅此一端，也可说明我当处在其前的春秋时代。

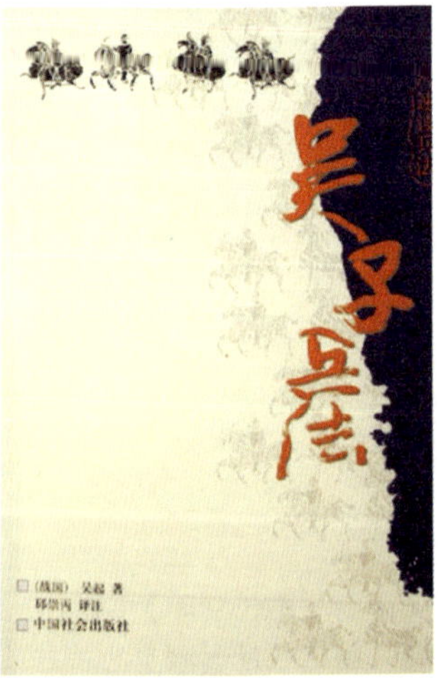

《吴子兵法》书影（中国社会出版社出版）

《吴子兵法·论兵》篇记吴起教给魏武侯的战术云："以近待远，以佚待劳，以饱待饥。"这就是孙武"四治"战法中"治力"的战法。吴起所使用的语言，也与《孙子兵法·军争》篇一样。

日本学者斋藤拙堂认为，孙武与孙膑实为一人。《孙子兵法》十三篇说的“军旁有险阻”(《行军》)与载于《战国策》的孙膑言“马陵道狭，而旁多阻险”相似；“攻其懈怠，出其不意”(《计》)与孙膑的“攻其无备，出其不意”相似，以此推断两者只是传抄中的异文而已，实为一个“孙子”所作。世间究竟有两个孙子，还是实只有一个孙子，这您能说清楚吗？

孙子：这一点，20世纪的地下发掘把问题本身就说清楚了。1972年4月，山东临沂银雀山发掘汉墓遗葬，有《孙子兵法》竹简二百余枚，二千四百余字，又有《孙膑兵法》四百余枚，一万一千余字。可见，孙武与孙膑是两个时代的两个人，这一点应该清楚了，而且两人各有兵法传世，其内容是同中有异。当然，两个孙子也不是完全没有关系，孙膑是我传世的后人，当然是血脉相通的。

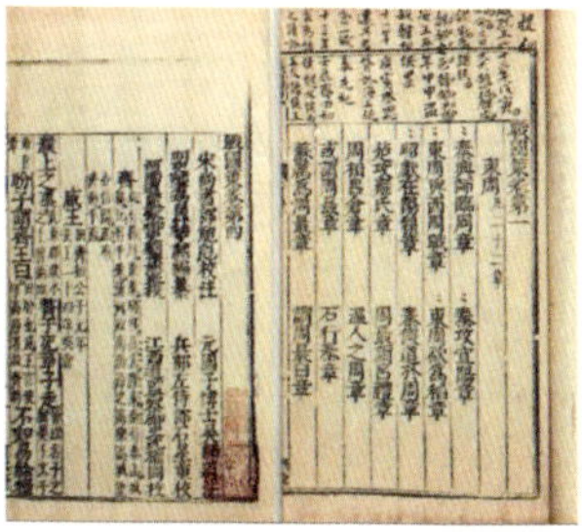

《战国策》书影

秦昭王时有人献书曰：“有蛇于此，击其尾，其首救；击其首，其尾救；击其中身，首尾皆救。今梁王，天下之中身也。”(《战国策·魏四》)这里所用的蛇的比喻，显然出自《孙子兵法·九地》篇，战国时代的游说之士，能如此灵活地运用《孙子兵法》中的譬喻来论述军政大事，足见其书已深入到千家万户，为广大知识阶层所掌握。

银雀山汉墓竹简博物馆

下面要讨论的是您究竟是何方神圣的问题。史书上，有的说："孙子武者，齐人也。以《兵法》见于吴王阖闾。"（《史记·孙子吴起列传》）而有的史书则说："孙子者，名武，吴人也。善为兵法，辟隐深居，世人莫知其能。"（《吴越春秋·阖闾内传》）一说吴人，一说齐人，孰是孰非？

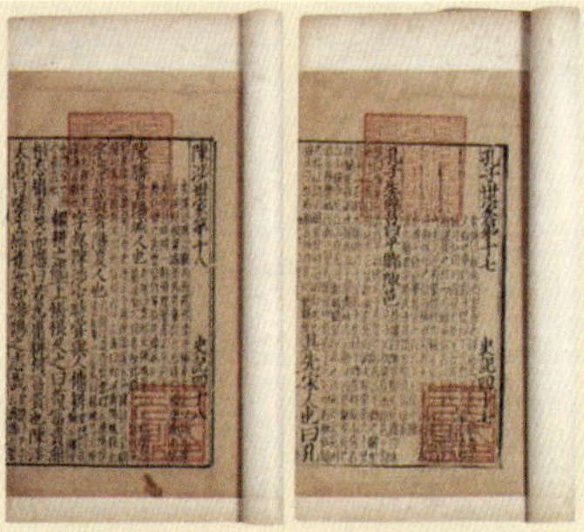

《史记》书影

孙子：其实，你们还没有引全，还有人说我是陈人的呢！我的祖上的确是陈国人。确切的世系记载，是从舜的后代虞阏父开始的。周武王伐纣时，虞阏父当陶正之官，执掌陶器的制作，管理制陶的百工。由于他管理有方，又因为他是舜的后代，周武王就将长女大姬嫁给了阏父之子满，把他封在今河南淮阳一带，建立了历史上的陈国。满称胡公，除被赐姓妫外，又以陈为氏，称为胡公满。"陈""孙"与"舜"的音相近，可能以此封国来怀念远祖舜帝的意思吧！

舜帝雕像

临淄齐国故城

既是陈人，那么后来怎么在人们心目中又成了齐人呢？

孙子： 这倒是该说清楚的。自胡公满开始，经十二代世传，到桓公时，陈国发生内乱。桓公想传位给自己的儿子陈免，他的弟弟陈佗不服气，杀太子陈免而自立，这就是陈废公。陈废公的日子也过得不太平，数年后又被自己的一个弟弟陈林所杀，这就是庄公。庄公不久又死于非命，大臣们推立起了陈臼，是为宣公。这时，庄公一位小弟——陈完，怕这样斗来斗去，最终会祸及自身，就带领妻女出走齐国。陈完是我孙武的先祖。

当时正是齐国的盛世，国君齐桓公十分看重这个相貌堂堂又出于世家大族的年轻人陈完。齐桓公想直接命他为卿。陈完推辞了，说还是做点实际的事儿吧！于是，桓公让他担当“工正”，相当于后世的工业部长。陈完干得很尽心，也很有成绩，齐桓公就封给他一块采邑。为感恩答谢，陈完改姓为“田”，从此田氏一门就在齐国成家立业，越来越兴旺发达。因此，说我是齐人，也是对的。

《尉缭子注译》书影（中华书局出版）

《尉缭子》是中国古代的一部重要的兵书。对作者、成书年代，历代都颇有争议，但该书中透出一个重要信息：尉缭对孙武十分佩服。《尉缭子·制谈》称：“有提十万之众而天下莫当者谁？曰桓公也；有提七万之众而天下莫当者谁？曰吴起也；有提三万之众而天下莫当者谁？曰武子也。”这里的“武子”即孙武。他认为孙武的军事艺术超过齐桓公和吴起，在春秋战国间首屈一指。

这陈完率领的陈氏（田氏）一门，在齐国建功立业，这对您孙武的兵家渊源有直接的关系吗？

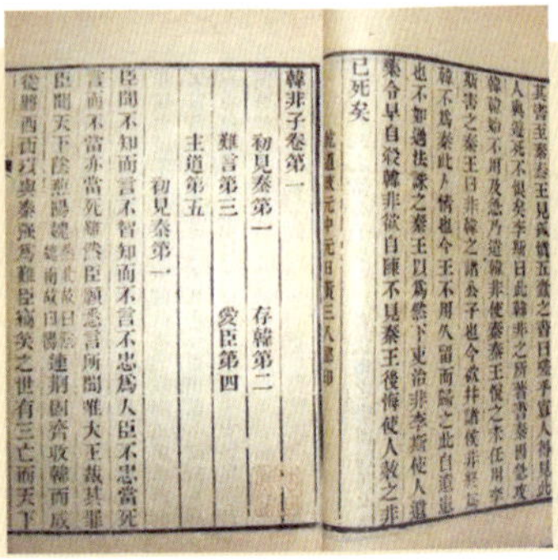

《韩非子》书影

《韩非子·五蠹》篇说："境内皆言兵，藏孙、吴之书者家有之。"所谓"孙、吴之书"，即指《孙子兵法》《孙膑兵法》和《吴子》。足见战国后期，孙子、吴起成为人们最崇拜的军事家。

孙子：有，太有关系了。一方水土养一方人。陈门立足于齐国，好比是植根于兵家的肥土沃壤之中。司马迁描述齐地时说："齐带山海，膏壤千里。……其俗宽缓阔达，而足智，好议论。地重，难动摇。民怯于众斗，勇于持刺，故多劫人者，大国之风也。其中具五民。"（《史记·货殖列传》）太史公的这段话，可以看成是齐地天文环境和人文民风的背景资料。我的兵法是十分强调"天""地""道"诸方面因素的。司马迁这里讲的正是这样一些因素。齐国依山靠海，有大片肥沃的土地，这讲的是天和地，讲的是自然。"道"实际上是讲人。这里的人民从容豁达、足智多谋、好发议论，特别是"地重，难动摇"——人的质地稳重，思绪少摇摆。而且这里的民众来自五方，司马迁称为"五民"。这是一种古代融会五方的海派文化。海派文化融会到战事之中，就大大激活了战略战术思想。这些都是产生大兵家、大战略家的真正的肥沃土壤。

《史记》书影（左为中华书局出版）

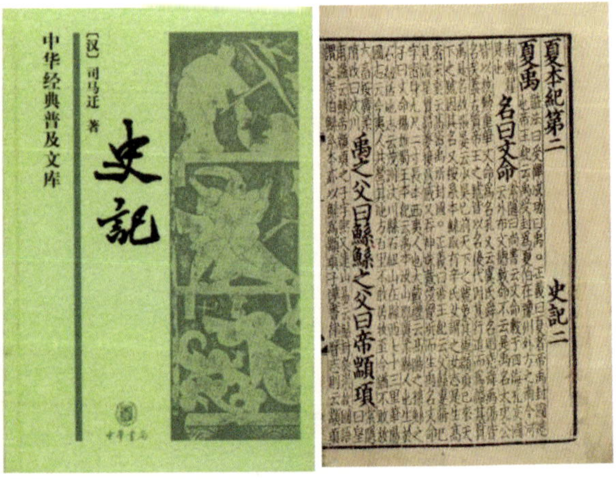

是不是可以这样说，您兵法思想的一个直接源头是齐国的开国者姜太公吕尚。《史记·太史公自序》写道："《司马法》所从来尚矣，太公、孙、吴、王子(成甫)能昭而明之。"在兵法的发展之链中，太公的兵法与您的兵法是紧靠着的，所谓"昭而明之"，就是继承和发扬，表现为一种后者对齐前期兵家学者的传承关系。我们这样理解可以吗？

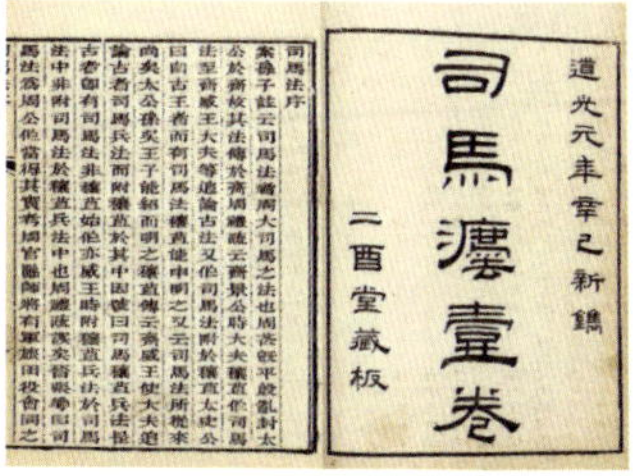
道光元年章之新鐫
司馬灋壹卷
二酉堂藏板

《司马法》书影

《司马法》是中国古代一部著名的兵书。相传是姜子牙所写。

孙子： 完全可以。我们这里可以先说说姜太公。他的一生有点传奇色彩。姜太公是"东海上人"，就是说他的故乡在齐(即今天的山东地区)。这是个贫困之乡，他的幼年、少年、青年壮年时代都是在齐地的海边长大的。大海给了他宽广的胸怀，贫困锤炼了他坚韧的品性。当时是商末的战乱之世。他一面谋划着生计，一面又从治生中琢磨克敌制胜的兵家之道。晚年，被西伯即后来的周文王所发现，要他作"霸王之辅"。后在武王伐纣中立了大功，封于齐，成为齐国的开创者。

姜太公到了自己的领地齐国以后，就着手整理自己在伐纣中的心得，又把在齐整饬社会和发展生产的经验融会其中，形成了自己独特的军事谋略。《史记·齐太公世家》："多兵权与奇计，后世言兵者皆宗太公为本谋。"《汉书·艺文志》著录有太公撰"《谋》八十一篇"和"《兵》八十五篇"。现存太公著《六韬》，就是战国时人编辑改写的。司马迁说得多好，"后世言兵者皆宗太公"，我这个"言兵者"在"宗太公"上有更大的优势，因为我与太公一样是在近大海的齐地长大的，我与太公一样经历了艰苦的生活历程，我与太公一样在生活的经验中提炼和创造出兵家理论的精粹。我从《太公兵法》中吮吸了权变、奇计、谋略的精华，形成了自己的兵家理论。

姜太公纪念馆

您的先祖陈完举家迁齐的时候，正是齐桓公当政的时期。齐桓公任用大军事家管仲干出了一番大事业，最终成就了霸业。您的先祖陈完与管仲并世，又同在桓公治下为官，这对您的先祖，以至于您自身的兵家思想都会有很大的影响吧？

管仲像

孙子：那是毋庸置疑的。在春秋时期，管仲是位举世无双的大军事家。据《国语·齐语》中说，他曾“一战帅服三十一国”。孔子说：“桓公九合诸侯，不以兵车，管仲之力也。”（《论语·宪问》）“不以兵车”，朱熹解释为“言不假武力也”，这个解释是深刻的。应该说，管仲其人对我的最大影响也就是“不假武力”上。我常在想，战争总是残酷的，如果能不流血而能战胜敌人，不流血而结束战事，那该多好啊！读到管仲的“不以兵车”这个兵家思想后，我才产生了“上智为间”（利用间谍刺探敌情、克敌制胜）和“不战而屈人之兵”（不战斗而征服敌人）的战略思想。很显然，“不以兵车”和“不战而胜”是一脉相承的。

管仲纪念馆

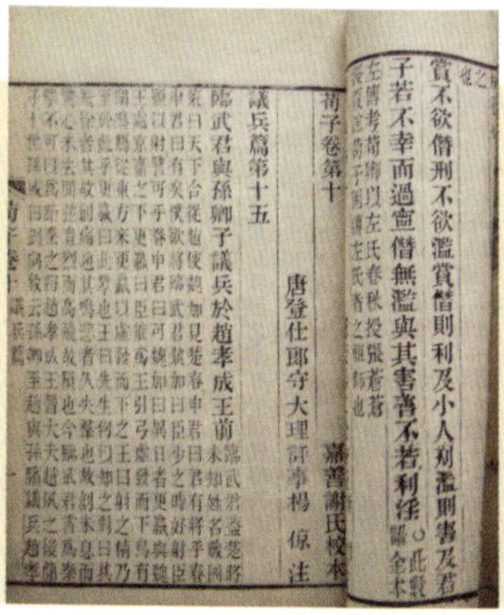

賞不欲僭刑不欲濫賞僭則利及小人刑濫則害及君子若不幸而過寧僭無濫與其害善不若利淫

荀子卷第十　嘉善謝氏校本

唐登仕郎守大理評事楊倞注

議兵篇第十五

臨武君與孫卿子議兵於趙孝成王前

《荀子·议兵》书影

战国后期，孙子、吴起成为人们最崇拜的军事家，“孙、吴”之名广为传颂。《荀子·议兵》篇记临武君曰：“善用兵者，感忽悠暗，莫知其所从出，孙、吴用之无敌于天下。”

您的家族是植根于充分“武化”的齐国这块土地上，这对您的兵家思想产生了不可估量的影响。我们想知道的是，在您家的世系中，有无举世公认的兵学大家，也就是说，能不能说您是出生在兵学世家之中的？

孙子：完全可以这样说。陈完的四世孙陈桓子无宇，是我的曾祖父，他就是位了不起的大兵家。齐国在桓公去世后，国力迅速下滑。历孝公、昭公、懿公、惠公、顷公、灵公、庄公、景公八朝，一直内乱不已，到陈无宇在世的齐景公一朝时，政局更是不稳。齐景公是个腐败之君，横征暴敛，而陈氏却“爱民如父母，而归之若流水”。当时陈无宇官位已达到“上大夫”，执掌着齐国的军事大权，后来受命率齐军攻打莱国，取得巨大胜利。陈无宇还率宗族军与鲍、栾、高、庆等卿大夫角逐。陈无宇杀庆氏，就是用了巧妙的谋术。在对内和对外战争中取得胜利后，陈无宇都把战利品上交给齐景公。景公见他对国君忠心，就加封给他高唐一块采邑。我的这位曾祖父在军事上的杰出成就，对我日后兵家思想的形成起了很大的作用。

临淄东周墓殉马坑

东周殉马坑位于淄博市临淄区河崖头村西。墓主为齐景公，是继姜太公后第二十五代国君，在位五十八年，是齐国执政最长的一位国君。齐景公是春秋后期的齐国君主，他的大臣中有相国晏婴、司马穰苴以及梁邱据等人。

据史书记载，与您的曾祖父陈无宇同辈的还有位司马穰苴，也是一位在中国历史上有大影响的兵家人物。有人说，他也是您的族亲，是不是这样呢？

田穰苴墓

田穰苴，是继姜尚之后一位承上启下的著名军事家，曾率齐军击退晋、燕入侵之军，因功被封为大司马，世称司马穰苴。后因齐景公听信谗言而被罢黜，未几抑郁发病而死。司马迁赞曰：“闳廓深远，虽三代征伐，未能竟其义，如其文也。”

孙子：司马穰苴，确实是我族人，算起辈分来大概是我的叔曾祖父吧！司马不是他的本姓，他的本姓该是陈田。齐景公二十年，齐国力贫弱，受到晋、燕两国的攻伐。齐师不能抵抗，在景公大臣晏婴的荐举下，司马穰苴任齐将军。他与军士同甘苦，打了几个胜仗以后，士气大振，被景公尊封为大司马。这就有了司马穰苴的称呼。其人研读古《司马兵法》，后人把穰苴的体会附于后，号为《司马穰苴兵法》。这是我家族中的第一部兵法著作，可以说它沟通了我家族的兵法思想与古代兵法思想的渠道，使我家族的兵法思想更具中华古典兵法的特色。

可悲的是，在后来的复杂的政治斗争中，齐景公糊里糊涂地革了他的职，削为平民，赶出宫廷。司马穰苴成了齐国政治斗争的牺牲品。最后他郁郁而死，死时只四十余岁。一代名帅，就这样终其一生。我后来远走吴国，与我有感于这位叔曾祖父的可悲命运有关。

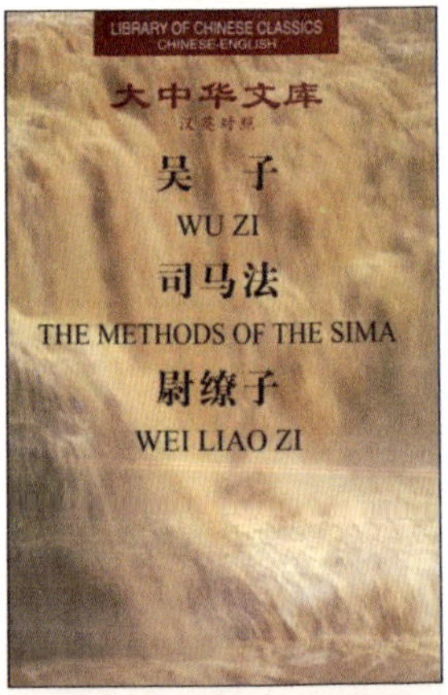

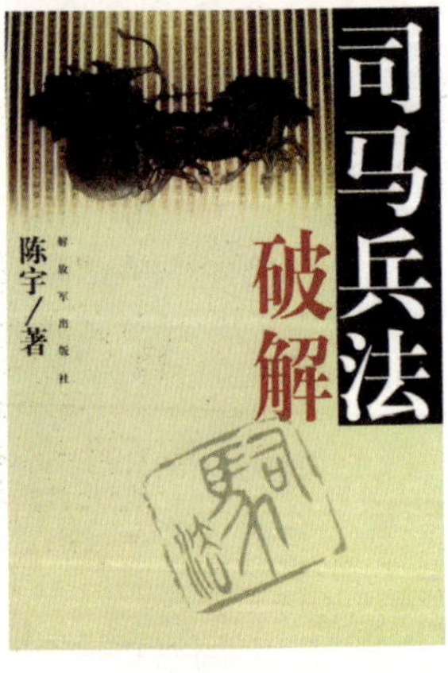

《吴子·司马法·尉缭子》书影（军事科学出版社出版）及《司马兵法破解》书影（解放军出版社出版）

《司马兵法》最早见于《汉书·艺文志》的礼类，称《军礼司马法》，共计一百五十五篇。此书受到历代兵家及统治者的高度重视。汉武帝曾“置尚武之官，以《司马兵法》选任，秩比博士”。北宋元丰年间，《司马法》被列为《武经七书》之一，作为考试武臣、选拔将领、钻研军事的必读之书。

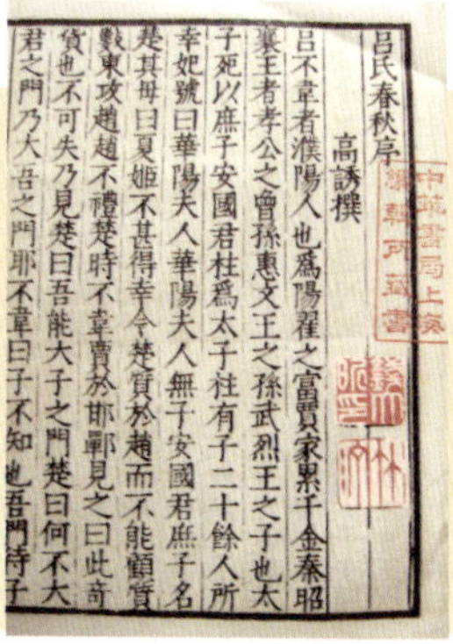

呂氏春秋序

高誘撰

呂不韋者濮陽人也爲陽翟之富賈家累千金秦昭襄王者孝公之曾孫惠文王之孫武烈王之子也太子死以庶子安國君柱爲太子柱有子二十餘人所幸妃號曰華陽夫人華陽夫人無子安國君庶子名楚其母曰夏姬不甚得幸令楚質於趙而不能顧質數東攻趙趙不禮楚時不韋賈於邯鄲見之曰此奇貨也不可失乃見楚曰吾能大子之門楚曰何不大君之門乃大吾之門耶不韋曰子不知也吾門待子

《吕氏春秋》书影

《吕氏春秋·上德》篇云："以德以义，……孙、吴之兵，不能当矣。"这里把"孙、吴之兵"作为天下最强的军队，"孙、吴"在人们心目中的地位可想而知。

据说您的祖父也是位了不起的大军事家？

孙子：是的。祖父陈书(字子占)，他是陈无宇的次子，是位大军事家。祖父的行止，不少已经是我亲眼目睹的了。我十二岁时，齐国为扩大领土，攻伐东南面的莒(jǔ，音举)。先派出的是大将高发，结果是大败而归，于是改派我的祖父陈书去。陈书到达前线后，不忙出战，在充分地了解了敌我的兵力情况，以及战地的地形地貌之后，采取了夜袭的进攻方式，大告成功。祖父是个极具智谋的将军，他的大智大勇，深深地影响了少年时代的我。我暗暗下决心，将来如果让我带兵打仗的话，我一定要做一个像祖父一样智勇双全的将军。

孙武雕像

因为这一战，齐景公赐我家采邑于乐安，同时赐姓孙，祖父就定名为孙书了。为何赐姓"孙"呢？也许是"孙"与我们的远祖"舜"同音的缘故吧，这也是对有巨大贡献的远祖的一种追忆和纪念吧！从此以后，我们全家迁往乐安新居了。

听说您的父亲也是一位军事天才，他在军事上建树卓著，说是承继黄帝的兵法，是这样吗？

黄帝像

轩辕黄帝为中华民族始祖，人文初祖五帝之首。郭化若在《孙子兵法之初步研究》说："我们在《孙子兵法》中看到'此所以黄帝之胜四帝也'的句子，就可以了解，由于孙子以前无数战争的经验，特别是春秋时代不断战争的经验，就给予了丰富的战略思想的可能。"

孙子： 我的父亲叫孙凭。他的战功也许没有我的曾祖父、祖父那样显赫，但他对我成为兵家之才起了重要的作用。他当上了上卿，是齐国最高一级的官。他很有军事头脑。虽在齐的京城当官(今山东临淄)，但更多时间是在采地乐安度过的，为的是与家人团聚，也为的是教育好自己的子女。

我父亲对子女的教育与期望，可以从为我取名中略窥其端倪。父亲为我取名为"武"，字"长卿"。"武"，就是武艺精湛，就是在军事和军事理论上要有建树。"长卿"，就是要永远保住上卿之荣誉。为此，他让我读了不少军事学方面的古典名著。读了哪些？现在说不清了。但可以从我的《孙子》一书中找到些许线索。我在书中引用的古代军事典籍《军政》，吸纳了黄帝战胜四帝的作战经验。还涉及一些有关伊尹和吕尚的计谋、间谍经验等方面的书籍。至于通常人读的诗、书、礼、乐方面的书籍，我倒读得不多。

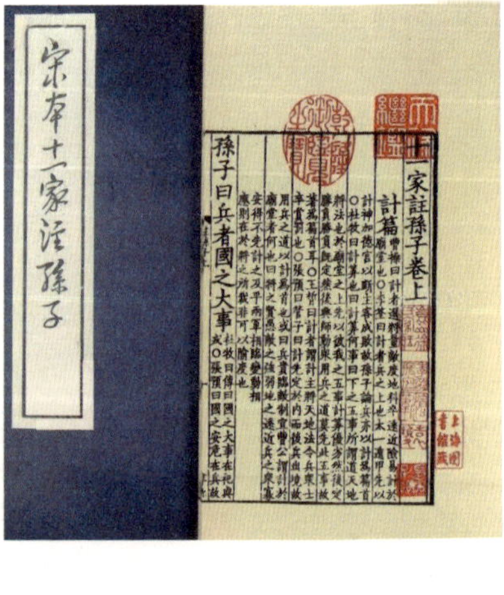

《十一家注孙子》书影（宋本）

《军政》是中国古代军事思想初步形成阶段的主要军事著作。与之同等的还有《军志》，是西周时期萌芽形态的兵书。早已失传，作者亦不详。《孙子兵法·军争》篇引《军政》曰："言不相闻，故为金鼓；视不相见，故为旌旗。"

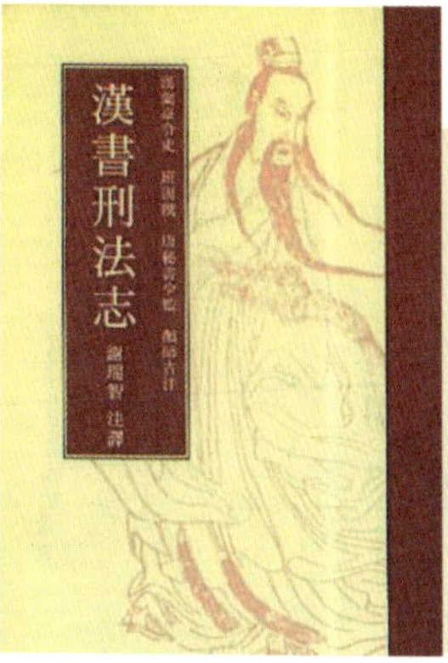

《汉书刑法志》书影

上面说到您祖父被赐姓孙的同时所封的采邑之地在乐安。这样说来，您家的家居地是在乐安了。只不知乐安之地今何在？现今两千五百多年过去了，是否还有您孙氏一脉的子孙在那里？

孙子：据专家的考证，乐安是在今山东惠民县境内。当年富贵尊崇的孙府当然是不复存在了，但是孙氏的遗迹和后代还是存在着的。在县城南建有以孙武名字命名的庙宇一座，县城北有个庄名为“孙武家”；县城西有个庄名“石头孙”，因我孙武的乳名“石头”而得名；县城东有“乐安”古城遗址；县城南有不少村庄以孙为名，如孙家集、孙家沟。现在，惠民县政府还在城内修建了“孙子故园”，园中树起了我的塑像，博物馆陈列我的事迹。

惠民博物馆门（孙子故园）

这里，我们有些不明白：孙家过得好好的，有享不尽的荣华富贵，又是齐君亲自赐姓氏的望族，您为何二十来岁的时候就离开乐安，到远在千里之外的南方去发展了呢？这中间有何隐情，可否为我们一言？

杜牧像

杜牧，字牧之，唐代诗人。杜牧人称“小杜”，以别于杜甫。与李商隐并称“小李杜”。著有《樊川文集》。他认为孙家为齐君赐姓之望族，孙子原书数十万言，被曹操笔削，而剩下十三篇。

孙子：当时齐国的情况是，一方面是齐景公的无能与腐败，君权下滑，受到了来自下属大夫的强烈挑战。另一方面是齐国的田、鲍、栾、高四大家争权夺利，磨擦愈演愈烈，一场大观模的血腥屠杀即将上演。虽说孙家所在的田族（田族即陈族，孙家是田族的一支）在整个争斗中处于上风。但我孙武深知，在如此错综复杂的斗争中，会充满着不可预知的变数。我孙武不愿像族亲司马穰苴那样做齐国“四大家族”斗争的牺牲品。为了避乱，决计弃家奔吴。

黄河流经孙子故里（惠民）

对于您的故里，多数学者都有一个认定，不存疑义了，这里又引发了另一个问题：您离开故里无疑是一个明智之举，但是，为何偏偏要选择偏居南隅的吴国呢？

谭其骧像

谭其骧，著名中国历史地理学家，他的题词是："孙子兵法十三篇作者，春秋齐乐安孙武故里。"

张政烺像

张政烺，著名的研究中国古代史的专家。他在仔细勘察乐安发掘现场后，欣然命笔书曰："齐乐安故城重放异彩，为广饶草桥遗址题。"

孙子：我远奔吴国，不是草率的，而是经过深思熟虑后做出的郑重其事的决定。吴国偏远，但自有其别国没有的优势，我是冲着那些优势去的。这优势大致可以概括为三点：一是有文化根底。吴在东南地区，但他们的君王是周太王的后代，名吴太伯。太王有子三人，太伯、仲雍、季历。从根上讲，属华夏族。而且吴太伯的谦让、挚爱之风一直在吴传为美谈，融入民风、政风、国风之中。二是发展势头好。在吴太伯奔吴后的数百年间，中原地带战争绵绵不绝，战乱频仍，民不聊生，亡国灭种者不计其数。吴太伯在中原的一支（称虞国的一个小国）就是在战争中覆灭的，而吴国不但没有覆亡，相反得以因地域偏远而和平发展。吴经西周、春秋早中期的开发，蒸蒸日上，即谓"吴有霸王之气"。在实力上已经完全可以与中原诸列强相抗衡了。这种良好的势头当时还在发展着。三是与四方交好，在开放中吸纳先进文化。自吴太伯传至寿梦是十九世，这是个有为之君，"吴于是始通于中国"（《史记·吴太伯世家》），设立与外部开放的机关"行人部"。让其儿子亲自担任"吴行人"，"以待四方之使，宾大客，受小客之币辞"（《史记集解》）。同时与西方的强邻楚抗衡。到吴国君季扎时，派出专人出使鲁、齐、郑、卫、赵、韩、魏诸国，一面与这些国家交善，一面吸收了大量的外来人才。

我出奔的就是这样一个在春秋中晚期欣欣向荣的国家，虽然在地域上是偏远了一些，但从前程角度看，予人以希望，还是值得的。

据说您到得吴国以后，没有马上去找当时的吴王，而是隐居于离吴国都城姑苏不远的边邑地带，那是出于一种怎样的考虑？

吴王庙

孙子： 我是在观察、在等待，也算在积累。当时我虽然还很年轻，但我对吴国的局势了如指掌。我知道吴国的局势还会有大的动荡，还会有大的变化。当时的吴国实行的还是“兄卒弟代立”式的王位继承制度，而吴王馀昧死后却由其子僚继位，这就引起了王室其他成员的极大不满。一场吴国王室内部暴风疾雨式的殊死斗争正在酝酿之中。而当时兵权在握的公子光时时以恶恨恨的目光逼视着登上王位不久的吴王僚，《史记 · 吴太伯世家》称其“阴纳贤士，欲以袭王僚”。在这种情况下，作为一个外来人员所取的上上之策当然只能是观察和等待。更重要的是，我正可利用这隐居姑苏的岁月进行知识和力量的积累。我在那里隐居了好几个年头，《孙子兵法》十三篇的大部分篇章是在这段隐居生活中撰写出来的。

孙子故园

您说您的隐居本身是一种生活的积累，这“积累”两字除了可以从兵书的写作角度加以解读外，还会有其他的含义吗？

“孙子书院”匾额

孙子： 在隐居中写作，同时在隐居中建立人脉，这也是一种积累。这里所说的人脉，主要是指结识了楚国投奔吴国而来的伍子胥。伍子胥的父亲伍奢和兄长伍尚，都被楚平王所杀害，他来到吴国，一是避难，二是寻找立足之地。我们两人之所以一见如故，首先因为是命运的相同，都是为了避乱、避难而走到了一起，其次是志向的契合，都对兵法感兴趣，并且希望在这方面有所作为。伍子胥到吴后，投奔在公子光门下，表面上隐居乡间，实际上积极策划扶持公子光登台事宜。后来伍子胥利用勇士专诸，袭杀了吴王僚，公子光马上代立为王，那就是吴王阖闾。阖闾一登基，就“举伍子胥为行人而谋国事”，实际上，伍子胥执掌了军政与外交事务大权，这对我来说，当然也是十分高兴的。我当时预感到出山的时机也快到来了。

伍子胥雕像

二 问孙子

据史书记载，您的出山颇具悲喜剧色彩，说您征得吴王的同意后，在吴宫中当场练兵，还以宫女作为训练对象，并在“三令五申”不听教诲的情况下，以违犯军令为由杀了吴王的两名爱姬，这些记载都是真的吗？

军列塑像（孙子兵法城提供）

“阖闾城”碑

吴王阖闾以楚国旧臣伍子胥为相，以齐人孙武为将军，使国势日益强盛。

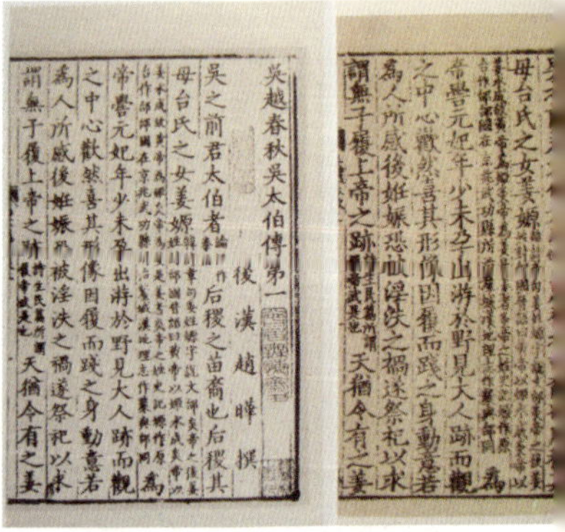
吳越春秋吳太伯傳第一
後漢趙曄撰
吳之前君太伯者后稷之苗裔也后稷其
母台氏之女姜嫄為
帝嚳元妃年少未孕出游於野見大人跡而觀
之中心歡然喜其形像因履而踐之身動意若
為人所感後姙娠恐被淫泆之禍遂祭祀以求
謂無子履上帝之跡天猶令有之姜

《吴越春秋》（右为元大德刻本，左为明弘治十四年刻本）书影

东汉赵晔撰《吴越春秋》主要记述春秋末期吴越二国（包括一部分楚国）之杂史。书中注重吴越争霸的史实，有不少关于孙子以及兵家思想的记载。

孙子：当然完全是真的。阖闾成为吴王后，吴国与楚国之间的矛盾进一步激化，两国之间正在酝酿一场大战。一次，吴王阖闾“登台向南风而啸，有顷而叹，群臣莫有晓王意者”（《吴越春秋·阖闾内传》）。谁都不知道吴王迎风而叹的意思，只有伍子胥心知肚明，就顺势推荐我孙武其人。吴王阖闾开初不太相信，伍子胥就力荐，甚至在一天之内七次荐举，最后吴王决定召见我孙武。

我当时是带着《兵法》十三篇去晋见的。吴王看后，说：“子之十三篇，吾尽观之矣，可以小试勒兵乎？”（《史记·孙子吴起列传》）我知道他是不放心，便很干脆地回答他：“可。”吴王又问：“可试以妇人乎？”我还是以最干脆的口吻回答：“可！”

在吴王与我的两相承诺下，一场富于戏剧性的悲喜剧出演了：我从后宫嫔妃中挑选出180人，分成两队，以吴王之两个爱妃为队长进行操练。如何列队，如何操练，我讲得很细致，对相关法纪，是三令五申。可是，妇人们根本不当回事，“妇人大笑”，状如儿戏。开始，我总是自责“约束不明，申令不熟，将之罪也”。最后，当妇人们还是将军事当作儿戏时，就毅然决然地“斩杀左右队长”。斩杀的军令已下，这时吴王有点后悔了，想出来求情，我以“将在军，君命有所不受”为由，将吴君的两个爱姬当场杀死了。

看来，“将在军，君命有所不受”是您的一大发明，极大地提升了军事首领的指挥职权，以此为由，您一举杀了吴王的两名爱姬。您这样做，吴王还会重用您吗？

孙子： 吴王阖闾虽有儿女情长的一面，斩杀他的两个爱姬那会儿，当然情感上有点儿过不去，但他究竟是一个有为之君，有识之君，他以前不是为寻找不到能富国强兵的大将而叹吗？现在找到了，他肯轻易地放弃吗？不会的。阖闾调整了心绪，很快以理智战胜感情，决定采用《孙子兵法》，并拜我为将军，与伍子胥一起统率吴国军队。阖闾在这点上是做对了，这也说明我远道投奔吴国也是做对了。

《孙子叙录》《孙子遗说》书影

“武始以十三篇于吴者，亦欲以其书之法，教阖闾之知兵也。教人之初，蒙昧之际，要在从易而入难，先明而后幽，本末次序而导之，使不惑也。是故始教以计量教算之法，而次及于攻战形势，虚实军事之术，渐至于行军九变，地形地名火攻之备，诸法皆通，而后可以论间道之深矣。”（宋代郑友贤《孙子遗说》）

孙子兵法城全景

您的军事事业的实践基本上是在吴国实现的。您能告诉我们您在吴国征战的一个概况吗?

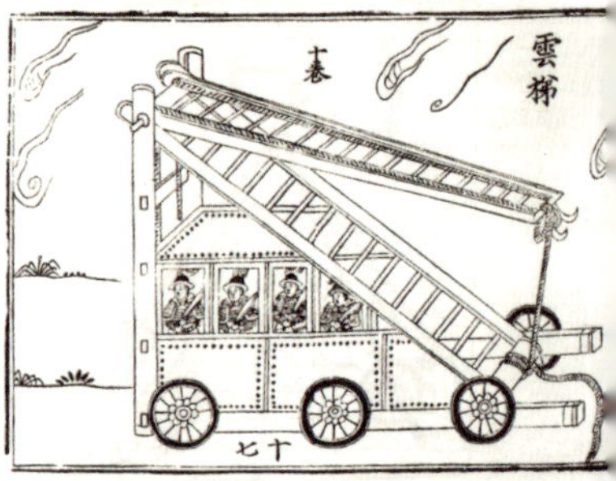

云梯图(《武经总要》插图)

孙子:具体说就长了。《史记·孙子吴起列传》有一个最为简明扼要的说法:"阖闾知孙子能用兵,卒以为将。西破强楚,入郢;北威齐、晋,显名诸侯,孙子与有力焉!"这段话告诉人们这样一些实情:其一,吴国军队在我的统率下,把一度十分强大的楚国给打败了,而且攻进了楚国的都城郢,这方面的战绩已被多种史料所证实。其二,这段文字还告诉人们,征服强楚后,我并没有像一些史家所说的那样就此退隐,反而还参与了北上中原的一些战事。吴国一度能争霸中原的盛况,有我的一份功劳。至于具体的在征楚、伐晋、平齐战争中运用了哪些战略战术以及兵器,就留给后面具体论述我的兵家思想时说吧!

辘轳

抛石机

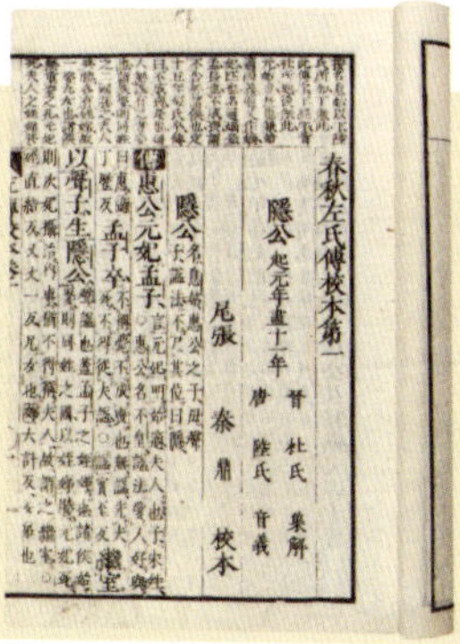
春秋左氏傳校本第一
晉 杜氏 集解
唐 陸氏 音義
隱公 起元年盡十一年
尼張 秦鼎 校本
隱公
惠公元妃孟子
以聲子生隱公

《左传》书影

《左传》原名为《左氏春秋》，汉代改称《春秋左氏传》，简称《左传》，实质上是一部独立撰写的史书。以《春秋》为本，通过记述春秋时期的具体史实来说明《春秋》的纲目，是儒家重要经典之一。大多学者认为，《左传》无孙武之传，并非说明孙武不存在。

从夫差上台，到北威齐晋，有16年的时间，在此期间，有对越的几场大战，也有许多对齐国与晋国的征战，从史籍看，您孙子没有表现得像伍子胥那样的张扬，是因为大权旁落，还是另有缘由，请先生明示。

孙子：伍子胥的父亲早就评述过伍子胥其人，说他是张扬的，很直爽的，容不了人，也受不得屈辱。因此，在吴王夫差上台后虽然有点失宠，但他还是直言相谏，有时还闹得很僵，这在《史记》上都有记述。可我孙武不同，我不张扬，一直忍着。在军事生涯的后期我虽说还在带兵打仗，但退意已决。我最后是全身而退，那是肯定的。在这点上，古代文人中有不少典范，到了一定时候就激流勇退，归隐山林，让别人忘记他。一些史家真的忘记了其人其事，《左传》无传，是遂了我孙武本人心愿的。

兵车

关于兵家思想渊源问题，历来学者多祖述班固《汉书·艺文志》，以为“兵家者，盖出于古司马之职，王官之武备也”，直到晚清著名朴学大师俞樾才另有别解，他说过“兵家源于道德”（《诸子平议·补录》）这样一句话，其意是说，孙子兵学思想直接源于老子。之后持这种观点的大有人在。对此，您有何见解？

孙子： 我当然不能苟同。说兵家出于“道德”的主要根据是，“道家之学为百家所从出”，兵家乃百家之一，故亦必出于道家。这是简单逻辑推理所引出的误解。若九流之一的兵家既出于道家，那我自当是老子弟子，但老子聚徒讲学之事既于史无征，也未闻老子弟子有孙子从学之传言，连证明孙子曾直接或间接受业于老子之门的任何蛛丝马迹也没有。有的人认为老子先言“道”，我也是先言“道”，于是得出师承关系，这完全是望文生义引出的错误结论。其实，我和老子的“道”是不一样的。老子的“道”是个哲学范畴，是“万物之始”“万物之母”，而我讲的“道”则纯粹是个实实在在的政治概念。我讲得很明白：“道者，令民与上同意也，故可以与之死、可以与之生而不畏危。”（《计》）更何况远在老子之前，“道”字已被广泛使用，《周易》《尚书》与《诗经》均可找到例证，老子用它来表述自己的哲学思想，我又何以不能用它来表述自己的军事思想呢？为何我一用“道”字就说我军事思想出于道家呢？当然，从《老子》是部兵书角度看，宏观上的关联是有的，但不是“源”与“流”的关系。

俞樾像

俞樾，清末著名文学家、经学家、古文字学家、书法家。为俞平伯的曾祖父，章太炎、吴昌硕、日本的井上陈政皆出其门下。治学以经学为主，旁及诸子学、史学、训诂学，乃至戏曲、诗词、小说、书法等，可谓博大精深，被尊为朴学大师。他说：“兵家源于道德。”（《诸子平议》）

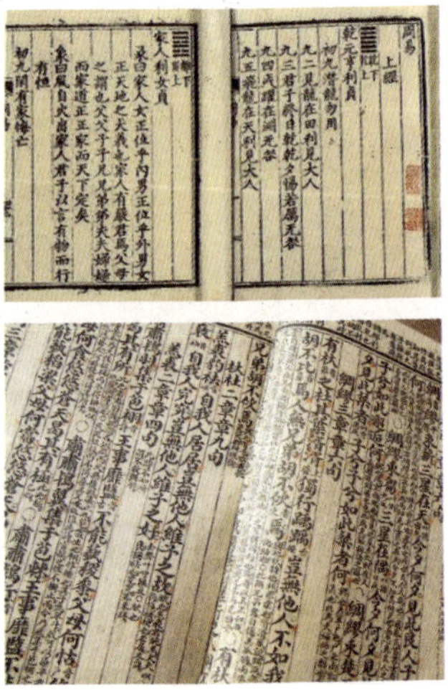

《周易》《诗经》书影

孙子雕像

讨论到这里，我们似乎可以对您的兵家渊源作一点归结了，还是请先生自个儿先作一个总结吧！

孙子：好，我就来“自说自话”一番吧！对不对由大家来评说。我说这样几句话：

第一句话是，我孙武兵法的思想，是深深地植根于民族智慧的肥沃土壤之中的。黄帝、伊尹、吕尚这样一些先圣的兵家思想，滋润了我的心，给了我最初也是最刻骨铭心的兵学教养。

黄帝像

第二句话是，齐国是我的祖居之地，也是我的生身之地。齐人的洒脱、豪爽、智慧，以及那背山面海的开阔情怀，给我们这个家族以及我本人烙下了不能磨灭的精神印记。姜太公的“出奇制胜”的谋术，以及管仲“不以兵车”的战略思想，作为一种地域文化，后来都被我融进了我的兵法之中。

第三句话是，我二十来岁来到吴地，后来长期战斗在吴地，直至终老。如果说我的兵法思想初步形成于齐地的话，那么，这种兵家思想是实践于吴地并最终完成于吴地。齐之阳刚文化，再加上吴之阴柔文化，融为一体，使我的兵法思想整体地体现着中华兵法思想的精华。

吕尚像

第四句话是，我的兵法也是我的家学的延伸和发展。远的说不清了，至少从我的曾祖父起，我的祖辈都是举世闻名的大军事家、大兵学家。经过一代又一代的积淀，再融进古代的、当代的、地域的兵法思想，最后由我熔铸成现在大家看到的《孙子兵法》。

兵圣孙武（孙子故园）

第二章 战略巨子

在军事史上，孙子无疑是一个划时代的人物。在他之前，军事家们重于一城一池的得失，疲于一战一役的征战，而较少甚至全无对战争全局的把握、设计和思虑。孙子开创了一个兵学的新时代——战略的时代。

作为一个伟大的军事战略家，他的慎战重战的观念，他的战力“五事”说，他的“将为国之宝”说，他的“多算胜”论，他的“兵之情主速”论，在人类的军事史上，都具有永远的划时代的意义。正如美国的军事理论专家约翰·柯林斯所说：“孙子是古代第一个形成战略思想的伟大人物，孙子的十三篇，可与历代名著包括两千两百年后的克劳塞维茨的著作相媲美。”

《汉书·艺文志》把您的《孙子兵法》十三篇列入“兵权谋家”类中，凡十三家，《孙子兵法》居其首。《汉书》对权谋的解释是：“权谋者，以正守国，以奇用兵，先计而后战，兼形势，包阴阳，用技巧者也。”(《汉书·艺文志》)这些权谋思想，在您的十三篇中是否可以完整的找到？

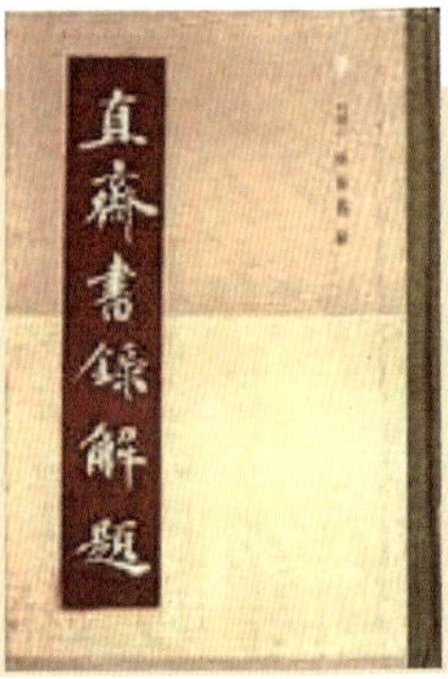

《直斋书录解题》书影

《直斋书录解题》(二十二卷)，南宋陈振孙撰。书中认为孙子兵法用以劝诫统治者，不得好战，并说：“《孙子》三卷八十一篇，魏武削其繁冗，定为十三篇。”

孙子：完全可以。我可以这样说，《汉书》的这些思想当然具有普遍性，是对汉代以前兵家思想的广泛发掘和总结，但主要的思想养料是来自我《孙子兵法》一书的。比如“以正守国”说，我在十三篇中一再告诫当政者，不要好战，那样会造成“内外骚动”(《用间》)我还说：“夫战胜攻取，而不修其功者，凶。”(《火攻》)战胜了不一定是真正的“胜”，如果不注重德性，那还是凶多吉少。这不是在宣扬“以正守国”的“正”字吗？至于“先计后战”云云，那完全是我的思想了。我一再强调“计”，强调“算”，强调“待”，正是着意于“先计后战”。

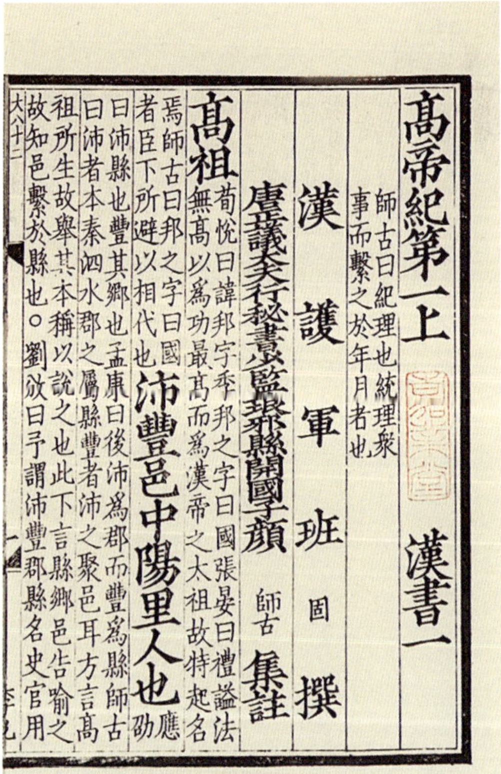
高帝紀第一上　漢書一

師古曰紀理也統理衆事而繫之於年月者也

漢　護　軍　班　固　撰

唐正議大夫行秘書少監琅邪縣開國子顔師古集註

高祖荀悅曰諱邦字季邦之字曰國張晏曰禮謚法無髙以爲功最髙而爲漢帝之太祖故特起名焉師古曰邦之字曰國者臣下所避以相代也沛豐邑中陽里人也應劭曰沛縣也豐其鄉也孟康曰後沛爲郡而豐爲縣師古曰沛者本秦泗水郡之屬縣豐者沛之聚邑耳方言高祖所生故舉其本稱以說之也此下言縣鄉邑告喻之故知邑繫於縣也○劉攽曰予謂沛豐郡縣名史官用

《汉书》书影

现在有些学者还在您的十三篇之外寻找您著述的遗篇，认为历史上有许多冠以“孙子”之名的图书，其中可能有您的作品，还有什么《孙武兵法》的家传简，一时间闹得沸沸扬扬。对此，您老怎么看?

班固像

班固，东汉官吏、史学家、文学家。史学家班彪之子，潜心二十余年，修成《汉书》，当世重之。征匈奴为中护军，兵败受牵连，死狱中，善辞赋，有《两都赋》等。他说：“世方争于功利，而驰说者以孙、吴为宗。时唯孙卿明于王道。”(《汉书·刑法志》)

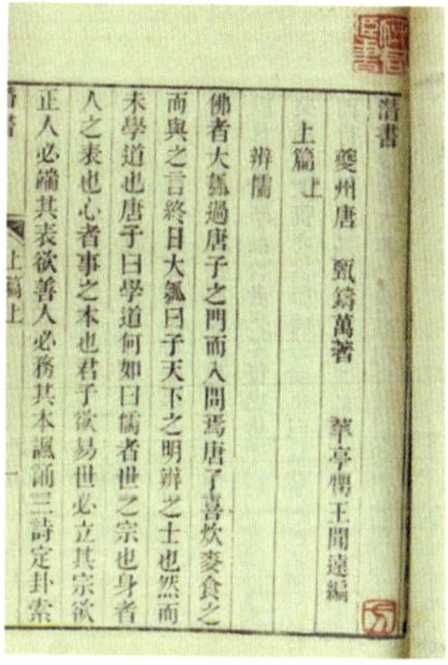

潛書

夔州唐　甄鑄萬著　　苹亭傅王聞遠編

上篇上

辨儒

佛者大瓠過唐子之門而入問焉唐子喜炊麥食之
而與之言終日大瓠曰子天下之明辨之士也然而
未學道也唐子曰學道何如曰儒者世之宗也身者
人之表也心者事之本也君子欲易世必立其宗欲
正人必端其表欲善人必務其本諷誦三詩定卦索

潛書　上篇上　一

唐甄《潜书》书影

《潜书》是明末清初思想家唐甄的论文集，在体例上模仿汉代王充的《论衡》。全书的内容不在于引经注典，更不同于汉后诸儒的文字章句之学。他认为，《孙子》只知战争，不知防止战争，说：“《孙子》十三篇，智通微妙，然知除疾，而未知养体也。”

孙子：我亲手向吴王献上的《孙子兵法》十三篇，是兵家的真经，其他的我就不知道了。说实话，就这十三篇，已经足以把我的兵家思想完整无缺地反映出来了。有人说我“只知战争，不知防战，不知战略”云云，全是无稽之谈。十三篇是表述我的军事战略思想的精品。开篇《计》篇，是个总纲，讲述战争之前如何考察形势，制定谋略。其次《作战》篇，讲述作战时宜速战速决，不宜拖延时日。第三《谋攻》篇，讲述进攻敌人要用计谋，最上策是“兵不顿而利可全”。第四《军形》篇，讲述如何加强战备。第五《兵势》篇，讲述作战时要应用各种方法，造成对敌的必胜之势。第六是《虚实》篇，讲述避实而击虚，因敌而制胜。第七是《军争》篇，讲述以逸待劳、避锐击惰。第八是《九变》篇，讲述各种地形条件下应如何变通，趋利避害。第九是《行军》篇，讲述在行军过程中遇到各种情况，应如何处置。第十是《地形》篇，着重分析各种地形的优劣利弊，主军者应判明地形，决定行动。第十一是《九地》篇，讲述交战之地可分为九种，这九种战地各有作战的规律。第十二是《火攻》篇，讲述以火攻击的作战方法。第十三是《用间》篇，讲述使用间谍的特殊作战方法。这十三篇把作战战略方针的方方面面都概括在里面了。

从战略上讲，您有着重战思想。重战就是重视战争。重战是当时军事家、政治家的通识，“春秋之中，弑君三十六，亡国五十七，诸侯奔走不得保其社稷者不可胜数。”（《史记·太史公自序》）在这样战乱不已的情况下，谁不重战？问题是，您的重战与其他人的重战有些什么区别和优势？

魏源像

魏源，晚清思想家，近代新思想的倡导者，林则徐的好友，近代中国“睁眼看世界”的首批知识分子的优秀代表。在《孙子集注序》中称《孙子兵法》是“言道之书”，“其道旨皆冒万有，其心皆照宇宙，其术皆合天人，综常变者也”。对于《孙子兵法》的评价，已经由军事层面而上升到了哲学层面，将军事斗争的规律用“道”概括出来。足见，魏源对《孙子兵法》研究造诣相当深厚。

孙子： 这个问题提得很好。问题不在于是否重战，而在于为何重战和重战为何，这里有人用“道”来概括，并以《三国演义》这样一些小说来演绎，不仅说到点子上，而且形象生动。我的重战思想主要有如下三个方面：其一，我有一个重要的思想，就是“唯人是保”（《地形》）。战争是血淋淋的，这一点大家都看到了，同时，我认为，正义的战争又是保护民众的。“唯人是保”的意思是，战争的唯一目的是保护民众。不只是保护征战国的民众，还要保护被征战国民众的利益。其二，战争是“日费千金”（《作战》）的事，最好不打，最好是“不战而胜”。这个问题后面还要着重讲，在此不赘述。其三，我说的重战的实质性内容是，要么不打，打则必胜。“善战者，先为不可胜，以待敌之可胜。”（《军形》）就是说，在战争之前，首先要使自己变得无比强大，变得不可战胜，然后才可开战。我是反对打无准备之仗的。同时，反对犹豫不决。宋代官员王僧绰有句“当断不断，反受其乱”的至理名言。人们检视古往今来成大事者，其中最重要的品质就是果断。《鬼谷子》专有一节论决物，说用过去的事情衡量，用将来的事情验证，用平日的事情参验，如果认为可以了，就不能犹豫了，应该立刻做出决断。

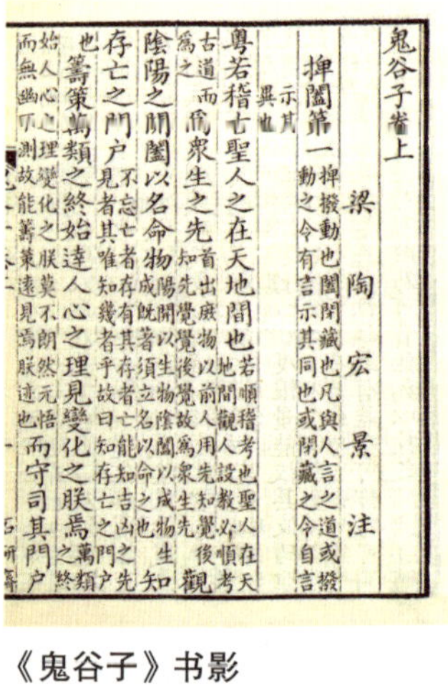
鬼谷子卷上
梁 陶 宏 景 注
捭闔第一 捭撥動也闔閉藏也凡與人言之道或撥動之令有言示其同也或閉藏之令自言示其異也
粵若稽古聖人之在天地間也 若順稽考也聖人在天地間觀人設教必順考古道而爲之
爲衆生之先 首出庶物以前人用先知覺後知先覺覺後覺故爲衆生先
觀陰陽之開闔以名命物 陽開以生物陰闔以成物生成既著須立名以命之也
知存亡之門戶 不忘亡者存有其存者亡能知吉凶之先見者其唯知幾者乎故曰知存亡之門戶
也籌策萬類之終始達人心之理見變化之朕焉 萬類之終始人心之理變化之朕莫不朗然元悟而無幽不測故能籌策遠見焉朕迹也
而守司其門戶

《鬼谷子》书影

我们知道，您的重战思想还有一个重要的特点，就是重战与慎战的紧密结合。您说过："非利不动，非得不用，非危不战"(《火攻》)这"三不主义"，是否可以理解为您的慎战大纲?

"火攻篇"匾额

孙子：可以的。这的确是慎战的大纲，在这段文字的后面，我明确写上了"明君慎之"的话，这就告诉人们，所谓慎战，首先是对明君说的。这慎战大纲的第一句话是"非利不动"。就是说在发动战争行动之前，先要考虑一个"利"字。如果那样做不是有利于国家有利于民众，就不能发动战争。第二句话是接着第一句话来的，"非得不用"，这里的"得"指得到胜局，如果战争没有必胜的把握，也就不要开战，至少时下不能开战，要等条件成熟以后再打。第三句话也是讲战争的条件。"非危不战"，不是到了危急关头，就不进行战斗。"危"指危急，也就是指战争双方的矛盾达到白热化且不可调和的程度。从这三句十二个字的慎战纲领看，我的慎战思想中包含着非战精神。

魏文帝曹丕像

曹丕，三国时期著名的政治家、文学家，曹魏的开国皇帝。由于文学方面的成就而与其父曹操、其弟曹植并称为"三曹"。他认为时代不同了，不可能完全靠武力征服对方，更重要的是"息兵养民"，等到国富民强，才可决战。

有一种说法：老子有人道主义精神，而您主张"掠乡分众，廓地分利"(《军争》)，没有一点人道主义味道，您认为这样的批评正确吗?

"军争篇"匾额

孙子：怎么能这样评说呢！我在《孙子兵法》明确指出："百战百胜，非善之善也。"又说"不战而屈人之兵"才是"善之善者也"。这些话里充满着人道主义精神，我不希望看到那种杀人一千、自损八百的浴血苦战、拼死激战。我力主实现全胜的方法是"上兵伐谋"。"伐谋"就是挫败敌人的战略企图，也就是说，在敌方的战略企图还没有付诸实施之前就揭露它、破坏它，使它夭折、使它破产。"伐谋"是不流血的战争，这种方法是可以实现的，最典型的例证莫过于我同时代的墨子救宋的故事。当听说楚国要侵宋，"非攻"的倡导者墨子急忙来到楚国，劝阻楚王和公输般攻宋，但楚王和公输般倚仗拥有新式攻城器具云梯，不听游说。于是墨子同公输般在楚王面前以衣带作城池，以木片作攻守城邑武器，表演了一番楚攻宋守的"模拟战"。结果"公输般之攻械尽，墨子之守御有余"(《墨子·公输》)，迫使楚王放弃了侵宋的计划。我对墨子式的非武力的止战是持肯定态度的。在"十三篇"中也是一再提到的。

墨子救宋模型图

国与国之间，有矛盾有斗争，发展到一定程度就会有战争。您并不否定产生战争的客观根源，但是，您在一定情况下又是非战的，甚至认为“同舟共济”比战争解决问题更好，是不是这样？

孙子像

孙子：我一直主张要与楚国决一雌雄，在北上与晋、齐争霸方面，我也不反对。但是，对于吴越之间的战斗，我不主张。主要是因为地处东陲的吴越两国没有什么根本性的利害冲突，完全可以和平相处、同舟共济。但是，当时的实际情况又是两国似乎水火不相容。事源于一起偶发事件：吴王馀祭在察看船队，竟被船队上的越俘冷不防地以刀结束了生命。为此吴越之间结下了深仇大恨。即使如此，我还是希望化解仇与恨。我曾写道：“吴人与越人相恶也，当其同舟而济，遇风，其相救也如左右手。”（《九地》）我认为，吴越之间完全可以同舟共济，完全可以在风风雨雨中如左右手一样相互配合。可见，在本质上我是非战的，我是多么希望所有的人们同舟共济、相救如左右手。《孙子兵法》彰显了我和平相处的思想。我的慎战观的主旨就是和平相处。后代在处理国际关系时，常常会用“同舟共济”这个成语，要知道，这个成语的出典还在于我的《孙子兵法》一书中呢！

俯瞰孙子兵法城

但是，慎战并不等于反对一切的战争。事实上，在春秋之世，战争不可避免。因此，重要的是要学习备战。积极备战，恃在战前，这是您的重大战略观念。您说过："故用兵之法，无恃其不来，恃吾有以待也。无恃其不攻，恃吾有所不可攻也。"(《九变》)这里一再提到一个"恃"字，请问，这里的"恃"指的是什么？

"九变篇"匾额

孙子：很清楚，"恃"指的是依赖、依仗。国家要安全，你依赖什么呢？你可以有种种良好的愿望，希望敌人发善心，不打进来，这叫"恃其不来"。也可以希望敌人不主动进攻，或不会发动突如其来的进攻，这叫做"恃其不攻"。但是，那是不可能的，也是不切实际的。在利益面前，敌人总想发动战争。敌人的进攻往往是不宣而战的、突如其来的，宋襄公式的"妇人之仁"在现实生活中是行不通的。因此，我们要把立足点放在备战上——第一是要"恃吾有以待"，就是要有充分的物质上和精神上的准备；第二是要"恃吾有所不可攻"，就是在敌人发动任何形式的突如其来的进攻情况下，都能建立起牢不可破的堡垒。

孙子兵法城九变篇殿

从战略角度讲，您认为备战该注重哪些方面呢？您在《孙武兵法》一书的一开头就提出了战力五事，您说："故经之以五事，校之以计而索其情：一曰道，二曰天，三曰地，四曰将，五曰法。"（《计》）这里说的"五事"，是否就是您要向世人宣告的战力新观念呢？

"计篇"匾额

孙子：这就涉及军事学上的对战力素质的理解了。战力，也称战斗力，一般论者总是首先会想到军队的人数多寡、武器是否精良、粮草是否充裕。这些我无疑都是考虑到了的，但我想得要更为全面些，也更为深入些。我这里说的"五事"中没有讲到军队人数问题，也没有论及部队的装备问题，而是从更为宏观的角度去考察一支队伍的战斗力。在决定军队战斗力的人与物诸要素中，我更注重于人的要素。在《计》篇所言"五事"，除天、地两个方面属于客观的物的要素外，道、将、法三个方面都是讲主观的人的要素。很明白，我认为决定一支军队战斗力的不该是物，而是人。

记得吴王阖闾三年，我曾率军与楚对垒，攻克了中等城市舒城。当时，吴王也随军出征，他对我与伍子胥说，赶快进攻吧，最好一鼓作气打进楚都郢城去。我当时马上站出来阻止，史书上有这样的记载："光谋欲入郢，将军孙武曰：'民劳，未可，待之。'"（《史记·吴太伯世家》）请看，我不只在理论上主张强调战争中人的因素，在实战中也是把人的因素放在第一位的，而人的因素中，又把"民"放在最重要的位置。老百姓高兴不高兴，是决定战争成败的重要要素。

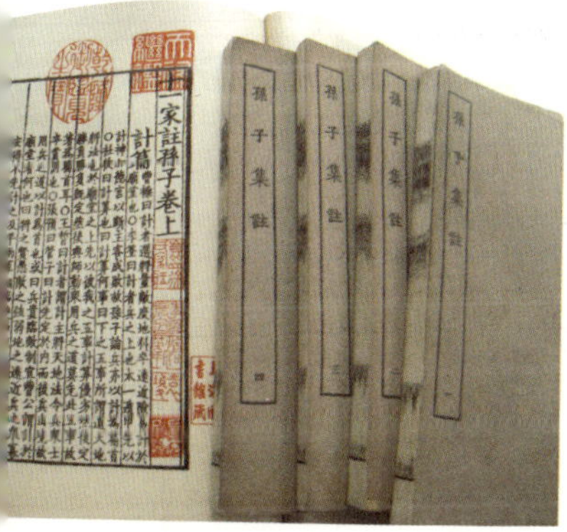

《孙子集注》书影

该书论述了怎样在开战之前和战争中时行谋划的问题，并论述谋划在战争中的重要意义。孙武认为，在开战之前，必须对敌我双方的基本条件作周密的研究和比较，认真地实行谋划，采取机动灵活的措施，做到"攻其不备，出其不意"地打击敌人。

您说的“五事”中，居于首位的是“道”。在春秋战国时代，百家争鸣的各家各派都说自己的学说是符合“道”的原则的。当然，最著名的论道者要数道家的首领老子了。老子论道，您孙子也论道，而且两者又都是春秋时期人物。于是，有学者把“道”混为一谈了，包括大学者钱穆亦如此。先生，您在此是否能加以澄清？

老子像

孙子：在中国传统文化中，“道”是个很神秘又很有魅力的字眼。因为老子的道学影响特别的大，一些学者也会把其他人的论道与老子的道学混为一谈了。老子的道是一种虚无，是“道可道，非常道”的，换言之，这是难以名状又难以言谈得清的非物质性的东西。而我说的道则要实际得多，它是一种人际关系，是人和。具体地讲是：“道者，令民与上同意也。”（《计》）“同意”，就是意愿相同，这是上下关系中的人和，这里包括君臣之间、军民之间、官兵之间的“同意”。如此同心同德，还怕不能战胜敌人吗？把“道”作为战略思想的第一要素，其重要性是不言而喻的。

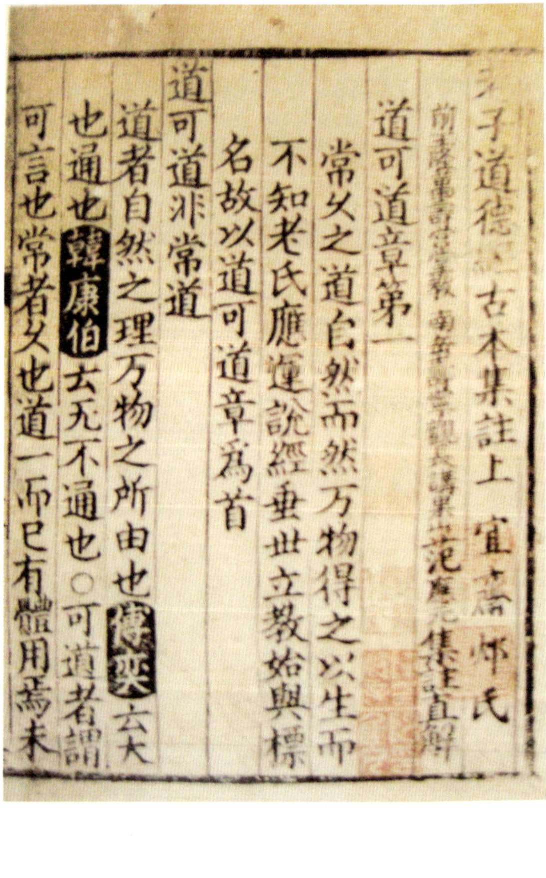

老子道德經古本集註上　宜春[illegible]氏

[illegible]范應元集註直解

道可道章第一

常久之道自然而然万物得之以生而不知老氏應運說經垂世立教始與標名故以道可道章爲首

道可道非常道

道者自然之理万物之所由也傅奕云大也通也韓康伯云无不通也○可道者謂可言也常者久也道一而已有體用焉未

《老子道德经古本集注》书影（宋范应元撰，宋刻本）

把“道”释为“令民与上同意也”，确实是很有意思的。这又会使人想起孟子的“得道者多助，失道者寡助。寡助之至，亲戚畔之；多助之至，天下顺之”（《孟子·公孙丑下》）这段话。孟子这话也该是从先生对“道”的释义中脱胎出来的吧？

孟子像

孙子： 应该是这样的。我在《计》篇中说的是“令民与上同意”，孟子再把它推而广之，主张上下、左右、亲疏、远近之间的“同意”，那样，不就“得道多助”了吗？反之，上下、左右、亲疏、远近之间都“不同意”，其结果不就是“失道寡助”吗？孟子对我的学说点化得好，把含义深化了。

《孟子或问纂要》书影（宋刻本，现存上海图书馆）

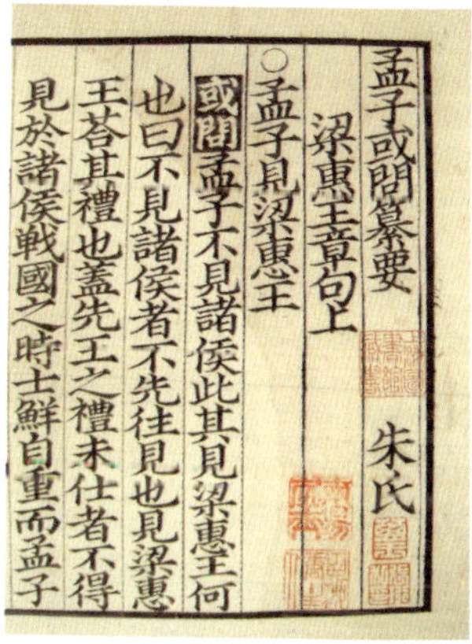

孟子或問纂要　朱氏
梁惠王章句上
○孟子見梁惠王
或問孟子不見諸侯此其見梁惠王何
也曰不見諸侯者不先往見也見梁惠
王荅其禮也蓋先王之禮未仕者不得
見於諸侯戰國之時士鮮自重而孟子

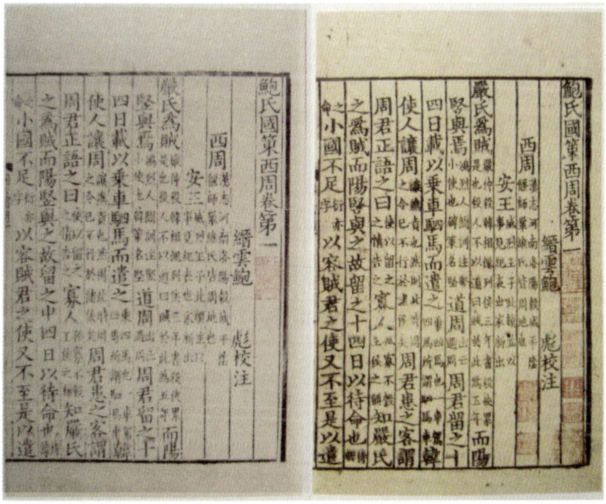

鮑氏國策西周卷第一　縉雲鮑彪校注
西周
安王
嚴氏爲賊而陽
豎與焉　道周　周君留之十
四日載以乘車駟馬而遺之
使人讓周　周君患之客謂
周君正語之曰　寡人知嚴氏
之爲賊而陽豎與之故留之十四日以待命也
小國不足以容賊君之使又不至是以遣

《鲍氏国策》（右为宋刻本，左为明嘉靖七年刻本）书影

此书是南宋鲍彪在前代高诱、曾巩注补《战国策》的基础上，重新厘定内容的新注本。书中有不少孙子及其兵家思想的记载。

从您所主张的战力“五事”说，其中居于二、三位的是“天”和“地”，荀子在《天论》篇中也大讲“天”“地”，您所言“天”“地”，与战力有什么特别重大的关系呢？

荀子像

孙子：当然有。我在这里不是纯客观地谈“天”说“地”，这里的要旨是说战争的客观条件，是与战争相关的“天”与“地”方面的情况。“天者，阴阳、寒暑、时制也。”（《计》）这里讲了三个方面：战争是在白天打的，还是在黑夜里打的（“阴阳”）？这太重要了。战争是在寒冬腊月打的，还是在酷暑时节打的（“寒暑”）？这个因素也应考虑。战争期间是阴雨绵绵，还是一路好天气（“时制”）？这也不容忽视。在我看来，“天”对战争胜负太重要了。

再说“地”。“地者，远近、险易、广狭、死生也。”（《计》）这里说到了部队驻防与战地空间距离的远近，讲到了地势的平坦还是险峻，讲到了地域的开阔还是狭窄，讲到了是没有退路的死亡之地还是易于逃生的处所。这些对于军事家来说，实在太重要了。

不知你们注意到了没有？在战力诸种要素中，我特别重视“地”。在《孙子兵法》十三篇中，其中《行军》《地形》《九地》三章专门论“地”，在《军形》《虚实》《军争》中都涉及“地”。“地”的分量占到了全书的十分之三左右。《荀子》一书倒没有像我那么重视“地”，我对“地”这一客观条件实在太看重了。

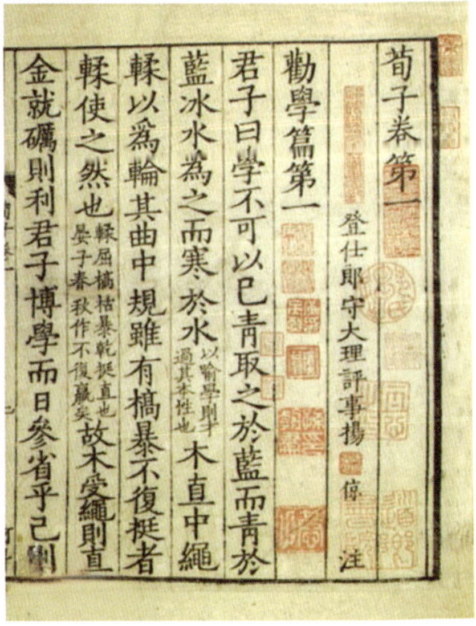

荀子卷第一　登仕郎守大理評事楊倞注

勸學篇第一

君子曰學不可以已青取之於藍而青於藍冰水爲之而寒於水（以喻學則才過其本性也）木直中繩輮以爲輪其曲中規雖有槁暴不復挺者輮使之然也（輮屈槁枯暴乾挺直也晏子春秋作不復贏矣）故木受繩則直金就礪則利君子博學而日參省乎己則

《荀子》书影

由“五事”中的“天”“地”两事，会使我们自然而然地想到了比您晚出生一个多世纪的那位孟夫子。一般来说，孟夫子是不大论战事的，要论，也不太在行。可是，他在《孟子・公孙丑下》中，却大谈战力问题，而且归结为被后世奉为经典的“天时不如地利，地利不如人和”这一总法则。有学者认为，孟子此说是脱胎于您的相关论说的。先生，实事求是地说，孟夫子的“天时、地利、人和”说的根本发明权是否应该归属于您？

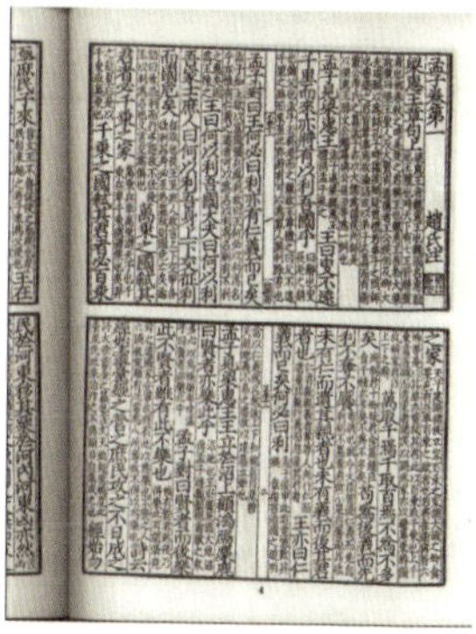

《孟子》书影

孙子：这怎么说呢？说孟子的此说是受了我“五事”说的影响，或者说，它是脱胎于我的“五事”说，都可以。如果孟子地下有知，他一定也会认可的。我的“五事”说，一事说天时，一事说地利，三事说人和。把人和说成三事，岂不就是人和为大？孟子说：“三里之城，七里之郭，环而攻之而不胜。夫环而攻之，必有得天时者矣。然而不胜者，是天时不如地利也。城非不高也，池非不深也，兵革非不坚利也，米粟非不多也，委而去之，是地利不如人和也。”（《孟子・公孙丑下》）他的这番话没有简单地重复我的“五事”说，而是有所发展，有所引申。所以说发明权的话，我有一份，他也有一份。

兵车（孙子兵法城提供）

在战力的“五事”中，先生还特别看重“将”的作用。“料敌制胜，计险厄远近，上将之道也。”（《地形》）这里说的“上将”，相当于贤能、优秀的将领的意思。好的将领能在了解敌情的基础上克敌制胜，带领队伍度过种种艰难险阻。想来，这样的“上将”决非等闲之辈，请先生说说“上将”应具备怎样的素养呢？

“地形篇”匾额

孙子：我觉得上将的第一素养应该是崇高的个人品格，“进不求名，退不避罪，唯人是保而利于主，国之宝也”（《地形》）。一个将帅只有摆脱了名缰利索，只有把民众的利益放在第一位，他才可能成为国宝级的领军人物。可以毫无愧色地说，我自己就是这样的将帅，我每带兵外出，考虑的不只是我国民众的利益，还考虑敌对国民众的利益，尽量使民众少流血、财产少受损失。

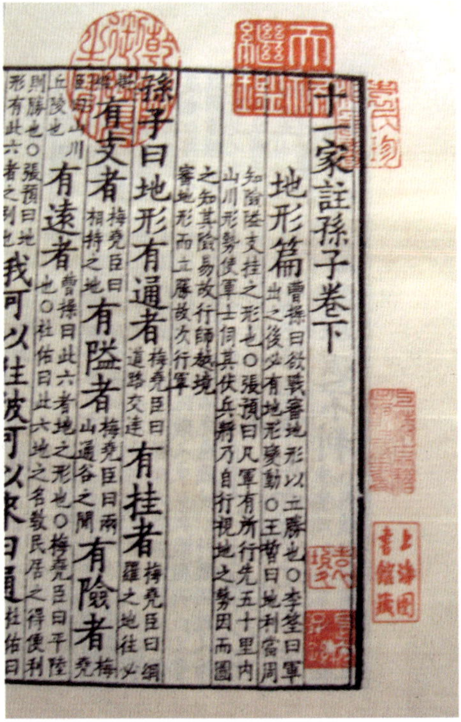
十一家註孫子卷下
地形篇 曹操曰欲戰審地形以立勝也○李筌曰軍出之後必有地形變動○王晳曰地利當周知險隘支挂之形也○張預曰凡軍有所行先五十里內山川形勢使軍士伺其伏兵將乃自行視地之勢因而圖之知其險易故行師越境審地形而立勝故次行軍
孫子曰地形有通者 梅堯臣曰道路交達 有挂者 梅堯臣曰網羅之地往必
有支者 梅堯臣曰相持之地 有隘者 梅堯臣曰兩山通谷之間 有險者 梅堯
有遠者 曹操曰此六者地之形也○梅堯臣曰平陸也○杜佑曰此六地之名數民居之得便利
則勝也○張預曰地形有此六者之別也 我可以往彼可以來曰通 杜佑曰

《地形篇》书影

该篇论述用兵作战怎样利用地形的问题，着重论述深入敌国作战的好处。孙武分析了九种战地的特点和士兵处在这些地区的作战办法。

您还特别重视将帅与士兵之间的亲和关系，像后来的汉代冯异等名将，他们“视卒如子”，亲和人际，就是您所强调的“道”在军内人际关系上的具体化，能这样说吗？

冯异像

冯异，东汉开国名将，“云台二十八将”之一。他精通《左氏春秋》《孙子兵法》。为人谦退，从不居功自傲。当某些将领争功时，他则独自在树下，并不与其争功，得到了“大树将军”的美名。在刘秀统一天下的过程中，任征西大将军，为刘秀平定关中立有大功。

孙子： 可以。“道”体现在人际关系的所有方面，在将帅与士兵关系上则要求将帅像爱护自己的子女一样爱护士兵。“视卒如婴儿，故可与之赴深渊；视卒如爱子，故可与之俱死。爱而不能令，厚而不能使，乱而不能治，譬若骄子，不可用也。”（《地形》）爱是绝对需要的，只有将帅深爱自己的士卒，士卒才肯与将帅一起共赴患难、同生共死。但这种爱是有分寸的，有原则的，不是一味地迁就，更不是溺爱，如果把士卒惯成了“骄子”，那事情又会走向反面，一上战场变成“不可用也”。因此，我主张“将军之事，静以幽，正以治”（《九地》），“爱”也要爱得冷静、爱得严正。

孙子兵法城地形篇殿

有一个问题是必须搞清楚的。您一方面说将帅要爱兵如子，另一方面又说了“能愚士卒之耳目，使之无知。易其事，革其谋，使人无识。其居，迂其途，使人不得虑”（《九地》）这样的话。我们弄不懂，将帅既“视卒如爱子”，怎么又要让他们变得“愚”一点、无识一点呢？

“行军篇”匾额

孙子： 这涉及兵学本身的特点了。下面要说到，“兵者诡道”。既是诡道，那战争的方略、战术在战争之前和战争的全过程中除了少数决策人物外，是不能让其他人包括全体士兵知道的。如果都知道了，传出去让敌方知道了怎么办？出了奸细怎么办？因此，对全体士兵包括中下层将领来说，只能是“愚士卒之耳目”。请注意，我在讲这段话的前面，说了“正以治”一语，意思是说，为了严正治军，必须这样做。这与爱护士兵是一点也不矛盾的。我在《行军》篇力主“文武兼用”的治军原则。

《孙子兵法 · 行军篇》书影

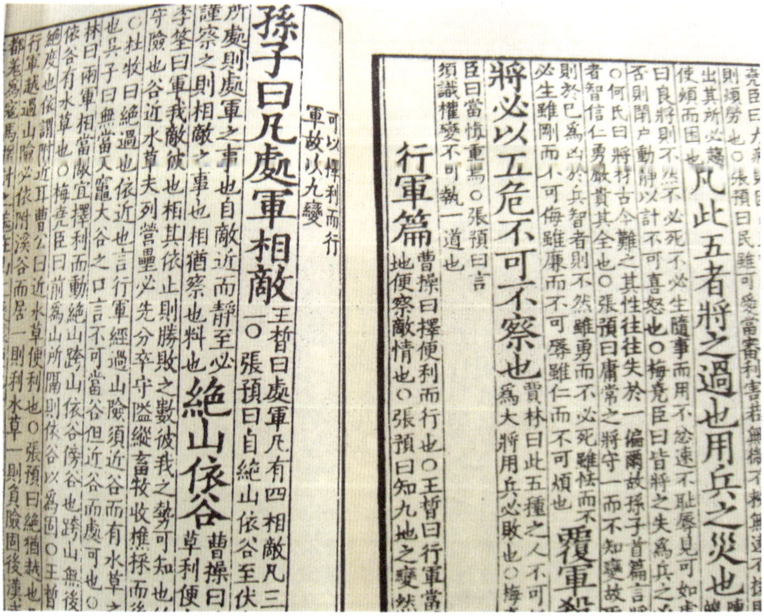
凡此五者將之過也用兵之災也
將必以五危不可不察也
覆軍殺
行軍篇
孫子曰凡處軍相敵
絕山依谷

在将帅的素养要求上，您有一个与众不同之处就是：要求将帅有职有权，要求将帅在指挥上有相对的独立性，就是至高无上的国君也不能瞎指挥，不能乱干预。这在君权至上的条件下简直是难以设想的，也无人敢提出。但作为一个大战略家，您提出了，而且亲身实施了，事实上它的正确性也被历史所证明了。您这样创造性地提出将帅的独立指挥权，出于何种考虑？

康熙像

康熙皇帝，名爱新觉罗·玄烨，清朝第四位皇帝，也是清军入关以来第二位皇帝，年号“康熙”。他即位后下诏，定“武经三子”（即《孙子》《吴子》《司马法》）为武举考试科目。

孙子： 完全是出于战争的实际需要。应该说，在殷周之时就已出现这种用兵原则的萌芽，它不完全是我的创造。战局是瞬息万变的，要求领军人物有准确的判断、果断的行动。如果将帅的行动处处受国君的牵制，那么，指挥上就会趋于多元，在很多情况下就会错失良机。如果国君的指挥有所偏颇，还会造成难以弥补的损失。将军有指挥权，有责任心，“退不避罪”，这样的军队就会有很强的战斗力。

我第一次在吴国训军是训练一批由吴王的宫女组成的“妇女军队”，当时就遇到了在军中“谁说了算”这样一个棘手的问题。那些在吴王面前娇滴滴的宫女们，我虽“三令五申”，妇人们仍“大笑不止”，此时我就毅然下令斩杀吴王的两位宠姬。吴王发话了，说：“寡人已知将军能用兵矣，寡人非此两姬，食不甘味，愿勿斩也。”这对我是一个极大的考验——当然也是对吴王的极大考验——在军中是听吴王的，还是听将军的？我果断地做出回答：“臣既已受命为将，将在军，君命有所不受！”（《史记·孙子吴起列传》）我不顾君命，立即斩杀了两姬。

商周之鼎（孙子兵法城提供）

我当时顶住了巨大的压力，在中国历史上第一次实施了“将在军，君命有所不受”。而吴王则承受了巨大的痛苦，在中国历史上第一次把军队的指挥权完整地交给了他所任命的将军。

四 三问孙子

人们能不能在《孙子兵法》一书中找到将军应该在军中有独立指挥权的相关论述呢?

陈汤像

陈汤，西汉大将。他通晓兵法，沉勇有大虑，多策谋，喜奇功，且主独战。汉元帝时，他任西域副校尉，曾和西域都护甘延寿一起出奇兵攻杀与西汉王朝相对抗的匈奴郅支单于，为安定边疆作出了很大贡献。

孙子: 能找到的。我在《九变》篇中又一次提出了“君命有所不受”。在《地形》篇中写得很清楚:“故战道必胜，主曰无战，(将)必战可也。战道不胜，主曰必战，(将)无战可也。”这里说到的“战道”是指战争的发展规律。按照“战道”看可以取胜的战争，即使国君说不能打，将军也可以独自做出打的决定。按“战道”看不能取胜的战争，即使国君说能打，将军也可以独自做出不打的决定。这与上面说的“将在军，君命有所不受”(《九变》)篇的意思是一样的，只不过更具体罢了。将军的独立指挥权后来大体上是确立下来了，不客气地说，这是我对军事学的一大贡献。

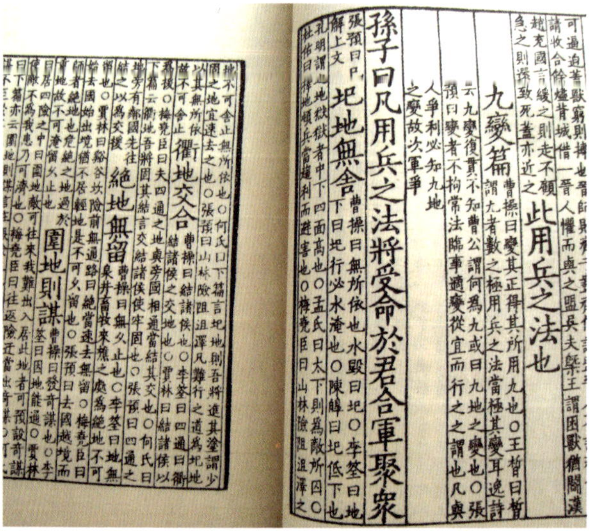
此用兵之法也
九變篇
孫子曰凡用兵之法將受命於君合軍聚衆
圮地無舍
衢地交合
絕地無留
圍地則謀

《孙子兵法·九变篇》书影

根据您的战略“五事”中的“道”的精神，怎样使君主、臣僚、将军、士兵都能懂得和掌握“战道”呢？要知道，那可是挺不容易的啊！

乾隆像

乾隆帝即清高宗纯皇帝，是雍正帝第四子。为清军入关后的第四任皇帝，年号“乾隆”。他重视孙子的“战道”，下诏修《四库全书》，其《提要》称“武书为百代谈兵之祖”，可见清代统治者对《孙子》的推崇。

孙子：这个问题我也考虑到了。在我看来，对“战道”的认识来自一个“算”字。何为“算”？“算”就是算计，就是讨论，就是研究。我在《计》篇中说：“夫未战而庙算胜者，得算多也。未战而庙算不胜者，得算少也。多算胜，少算不胜，而况于无算乎？吾以此观之，胜负见矣！”我在这里一连说了七个“算”字，可见我对“算”重视之至，《后汉书》谓之为“庙胜之本”。

《后汉书》书影

刘陶，为人居简不修小节。桓帝初游大学，上书言事。后举孝廉，累官侍御史。陶著书数十万言，又作《七曜论》《匡老子》《反韩非》《复孟轲》等。汉末黄巾起义后，司徒杨赐谋划平定之策，刘陶称：“此孙子所谓‘不战而屈人之兵’，‘庙胜’之术也”（《后汉书·杨赐传》）。

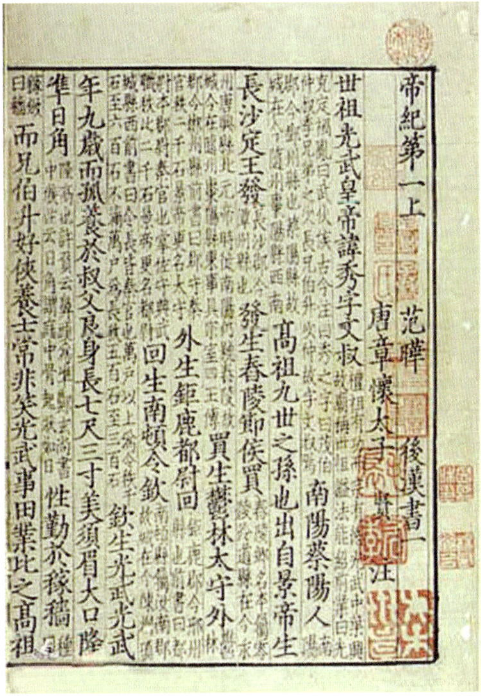
帝紀第一上　范曄　後漢書一
唐章懷太子賢注
世祖光武皇帝諱秀字文叔
南陽蔡陽人
高祖九世之孫也出自景帝生
長沙定王發　發生舂陵節侯買　買生鬱林太守外
外生鉅鹿都尉回　回生南頓令欽　欽生光武光武
年九歲而孤養於叔父良身長七尺三寸美須眉大口隆
準日角　性勤於稼穡
而兄伯升好俠養士常非笑光武事田業比之高祖

请您慢慢道来，这里似乎对“庙算”应该作一点说明，可以吗？

司马懿像

司马懿，三国时期魏国杰出的政治家、军事家，西晋王朝的奠基人。司马炎称帝后，追尊司马懿为宣皇帝。他在伐吴、伐蜀的战争中，经常讲究“形”“势”，主张“兵者诡道，善因事变”，强调“庙胜”（《晋书·宣帝纪》）。显而易见，孙子的军事理论曾给司马懿的征战以极大的帮助。

孙子： 这是个关键性的问题，你们即使不把问题提出来，我也是要说的。自夏朝开始，国家凡遇到战争一类的大事，都要告于祖庙，议于庙堂，成为一种固定的仪式。由国君在庙堂（皇家的祖庙）占卜吉凶、祈求神灵护佑，以巫术假托神的旨意，迫使人们决定战争的是否进行。这是“庙算”的原始形态。到了我所处的时代，以信天命和先祖崇拜相结合的宗教观受到冲击，“庙算”已发生了革命性的变革。“庙算”只保存了古老的形式，实际上已成为在庙堂召开“作战会议”、研究克敌制胜方略的代名词了。

到了秦汉以后，凡有关国计民生的大事，包括军事行动，那是不能由哪个人说了算的。而由国君牵头，开会、讨论、研究，这就叫“算”。“算”得有个地方，为了表示这种“算”的庄重、严肃，一般都是放在国君的宗庙殿堂（即议事堂）中进行的。这种放在宗庙殿堂中进行的算计，习惯上被称为“庙算”。

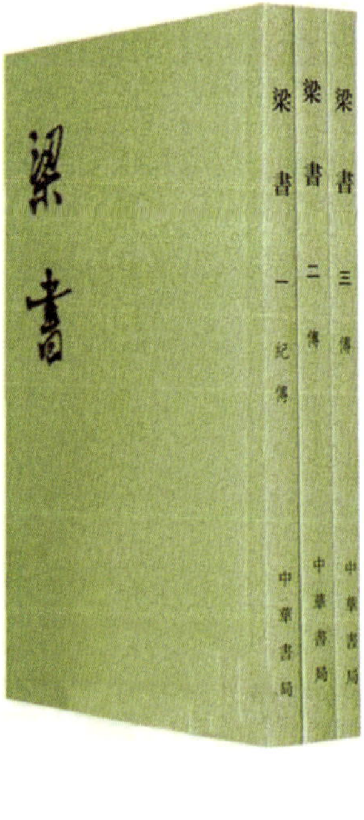

《梁书》书影（中华书局出版）

羊侃，南朝梁末的著名大将。侯景之乱发生后，羊侃受命御敌，用各种方法打退侯景进攻。羊侃忠于梁王朝，在保卫建康的战斗中表现出卓越的军事才能，起了重要的作用。他对孙子兵法特感兴趣，好其“庙算”，在《梁书·羊侃传》称：羊侃“尤好孙、吴兵法”。

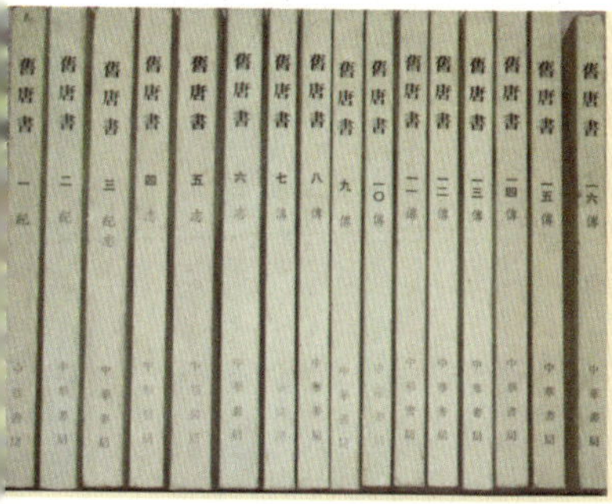

《旧唐书》书影

《旧唐书·李靖传》有载：隋代名将韩擒虎经常与人“论兵”，研讨“孙、吴之术”。韩好《孙子兵法》之“庙算”，屡建战功。韩擒虎的外甥李靖，更是一位杰出的军事家。史称他“少有文武才略”，韩擒虎“每与论兵，未尝不称善，抚之曰：可与论孙、吴之术者，唯斯人矣！”

战争之计，出于“庙算”，那是古已有之的，当然不是您的独家发明，这一点已经明确。我们想知道的是，您在“庙算”上有些怎样的独到之处？

孙子：不是我的独家发明，这是一种国家制度，当然有些国家是把这种制度置之不理了，或者只是徒具形式了。有见地的政治家、军事家都主张强化庙算制度。《尉缭子·战威》说：“兵未接而所以夺敌者五，首在庙胜之论。”《商君书·战法》中说：“若其政出庙算者，将贤亦胜，将不如亦胜。”其他《文子》《吕氏春秋》等书都说到了庙算问题。不过，我在说到这个问题时，比别人更强调些，表现在：第一，我强调了“未战而庙算”，就是在没有开战之前，先要好好的算一算，不打无准备的仗。第二，不只“算”一次，而要“算”多次。“多算胜，少算不胜”，重大的军事问题不能少数人说了算，要多算几次，听听大家的意见。第三，通过多次的庙算，掌握了“战道”以后，就托付给将军去实施。这时的将军不是听命于国君，而是听命于庙算，因此“君命有所不受”也就顺理成章的了。因为将军是“将在军”，对军事状况了如指掌，因此，他又有权根据实际做出决策，修正庙算的决策，使之更符合“战道”。

这样，我的庙算思想，既发挥了群体的力量和智慧，又突出了将军在军队中独立自主的指挥权，使将军的主观能动作用发挥到极致。这是一个极为重要的战略决策。

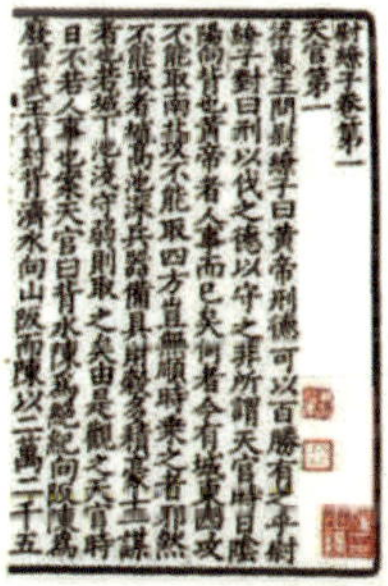
尉繚子卷第一
天官第一
梁惠王問尉繚子曰黃帝刑德可以百勝有之乎尉
繚子對曰刑以伐之德以守之非所謂天官時日陰
陽向背也黃帝者人事而已矣何者今有城東西攻
不能取南北攻不能取四方豈無順時乘之者邪然
不能取者城高池深兵器備具財穀多積豪士一謀
者也若城下池淺守弱則取之矣由是觀之天官時
日不若人事也案天官曰背水陳爲絕紀向阪陳爲
廢軍武王伐紂背濟水向山阪而陳以二萬二千五

《尉缭子》书影（上）
《商君书·韩非子》书影（下）

在您所说的“战力”五要素中，最后一条讲的是法。我们记得中国历史上的法家是言法的，您也言法，两者又有些什么不同？

孙子：当然是很不相同的。法家讲的所谓“法”，是指当时的列国在国君主持下制定的种种法律制度。这些法律制度意在加强君主专制的中央集权。而我在这里说的“法”，只适用于军队之中，大致上可名之为军法。我有一个解释：“法者，曲制、官道、主用也。”（《计》）曲制，指的是军队的组织编制。官道，指的是军队中各级将吏的职责和管理。主用，指的是军备物资、军事费用的管理制度。这三条，一条都不能缺，我在《孙子兵法》中反复强调，《晋书》也有详述。

《论衡》书影

《论衡》一书为东汉王充所作，大约成于汉章帝元和三年（86年），现存文章有八十五篇，他认为战力在于学法、用法，在《论衡·量知篇》中称：“孙武、阖庐，世之善用兵者也，知或学其法者，战必胜”。他对孙武的用兵艺术给以极高的评价。

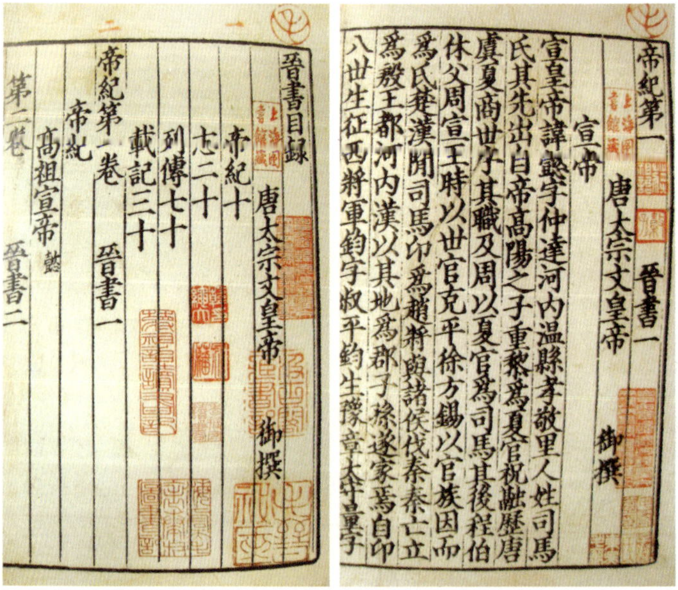
晉書目錄　唐太宗文皇帝　御撰
帝紀十
志二十
列傳七十
載記三十
帝紀第一卷　晉書一
帝紀
高祖宣帝 懿
第二卷　晉書二

帝紀第一　唐太宗文皇帝　御撰　晉書一
宣帝
宣皇帝諱懿字仲達河内温縣孝敬里人姓司馬氏其先出自帝高陽之子重黎為夏官祝融歷唐虞夏商世序其職及周以夏官為司馬其後程伯休父周宣王時以世官克平徐方錫以官族因而為氏楚漢間司馬卬為趙將與諸侯伐秦秦亡立為殷王都河内漢以其地為郡子孫遂家焉自卬八世生征西將軍鈞字叔平鈞生豫章太守量字

《晋书》书影（宋刻本，现存上海图书馆）

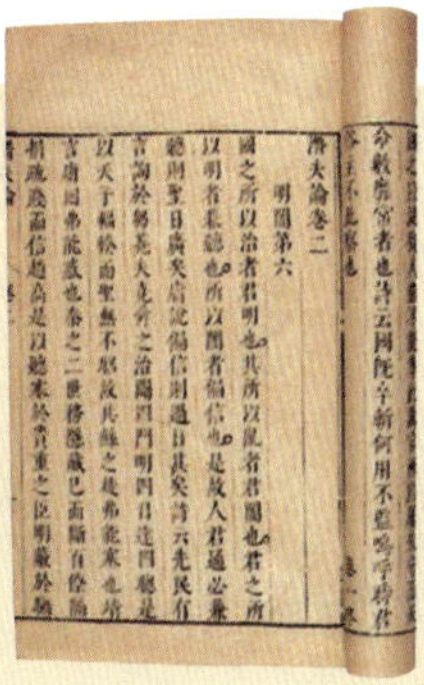

读您的书，我们觉得：您所说的“法”中的这三条一条都不能缺，那是对的，但在执行中最重要的还是“官道”这一条是不是？

王符《潜夫论》书影

王符，东汉政论家、文学家、进步思想家。一生隐居著书，崇俭戒奢、讥评时政得失。因“不欲章显其名”，故将所著书名之为《潜夫论》。此书多用孙子的论述。如《劝将》篇就直接引孙子曰：“将者，智也，仁也，敬也，信也，勇也，严也。”（语出《计》）不少篇章的思想和语气都是运用孙子的。

孙子： 当然如此！职责不分明，该奖的不奖，该罚的不罚，那这支队伍就不会有战斗力。我在吴宫内列队训练左右两队宫女时，列队之初“妇人大笑”时，我说：“约束不明。申令不熟，将之罪也”，是归罪于己。可是，三令五申后妇人们仍“复大笑”时，我就说：“军令既已明而不如法者，吏之罪也”。这个“吏”就是作为左右两队长的吴王两位爱姬。我违背吴王的君令坚持杀两姬后，我对吴王说了这样一段话：“兵既已整齐，王可试下观之。唯王所欲用之，虽赴水火犹可也。”（《史记·孙子吴起列传》）军队中法令的严明，比什么都重要。可能是我在兵法中最早提出了这个问题。

孙子见吴王（孙子兵法城蜡像）

在《孙子兵法》一书中，第四称为《军形》，第五称为《兵势》，合起来差不多占据了全书篇章的五分之一。先生的大谈“形”“势”，从战略高度看有何意义和价值?

岳飞塑像

岳飞，字鹏举。他熟谙孙子的战略战术，在作战过程中，论形讲势，“猝遇敌不动”，故人称“撼山易，撼岳家军难”。曾论“用兵之术”，要“仁、智、信、勇、严，阙一不可”(《宋史·岳飞传》)。这些方略和战术，应该说都是源自孙子的。

孙子：在切入正题之前，先得搞清楚我所谓的“形”与“势”是什么意思。

《易·系辞上》曰：“形乃谓之器。”这是极为简洁明了的解释。器，就是器物，是客观存在的、看得见摸得着的东西，用之于兵学上就是我们常说的军事实力及其外在表现。我书中的意思也是一样的，“强弱，形也”(《兵势》)。

什么叫势呢？势，指的是态势、气势、情势。势与人的精神状态直接联系在一起，甚至可以说就是指精神状态。因此，我说过，“勇怯，势也”(《兵势》)。

“势篇”匾额

有人问我，为何要大谈“形”，又大谈“势”呢？简单的回答是：为了纠正人们长期以来存在的一种偏见。不少人一谈到战争，就是想到敌我双方的实力如何如何，敌强我弱还是敌弱我强，也就是一般兵法上常说的“一曰度，二曰量，三曰数，四曰称，五曰胜”(《军形》)。土地面积的大小(度)、人口资源和物质资源(量)、兵员的多寡(数)、双方实力的对比(称)、一次战争的胜败概率(胜)，这些要不要考虑呢？当然是要考虑的。但我以为，我们不能像以前兵法上所写的那样，只考虑这些物的要素。我这里是要请大家注意，在充分看到“形”(也就是军事实力)的同时，还要想一想自己和敌对方的“势”(也就是军队的组织结构、精神风貌等)。把两者联合起来研究，比较实在，也比较正确。

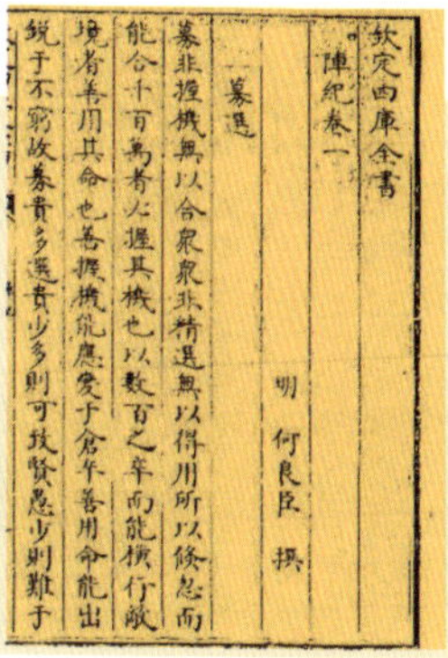
欽定四庫全書
陣紀卷一
明 何良臣 撰
一募選
募非握機無以合衆衆非精選無以得用所以倏忽而
能合千百萬者必握其機也以數百之卒而能横行敵
境者善用其命也善握機能應變于倉卒善用命能出
鋭于不窮故募貴多選貴少多則可致賢愚少則難于

何良臣《阵纪》书影

何良臣，明朝军事家、诗人。早年喜欢诗词歌赋，颇有文才。后来从军，曾立过军功，当过幕僚，所做诗词气魄宏大，被称为“壮诗人气”。他著有《阵纪》，其《奇正》《率然》《因势》《火战》等篇，多论“形”与“势”，都以孙子的战略战术为根据。

能不能那样说，您对“势”的看重程度，要大大地高于对“形”的看重程度。您说：“故善战者，求之于势，不责于人，故能择人而任势。”这不是在强调“势”的巨大作用吗？

孙子：问题还在于怎么读懂我的这段话。请注意，我这里没有说到战争的胜败问题。世间没有常胜将军，我这里只是说，在一定的“形”的情况下，善战的将领可以借助于“势”在很大程度上改变局势。敌我双方在一段时间内的“形”是一定的，对此不能因为有种种不如意而责备他人（包括下属）。但是，我们完全可以“择人而任势”，即通过选择精当的军事人才，来创造有利的态势。也许在战争中开局并不怎么样，但如能不断地“求之于势”，情形就会发生大的变化。对于“势”的问题，《大学》《论语》等都有诸多论述。

《大学或问》书影（宋刻本，现存上海图书馆）

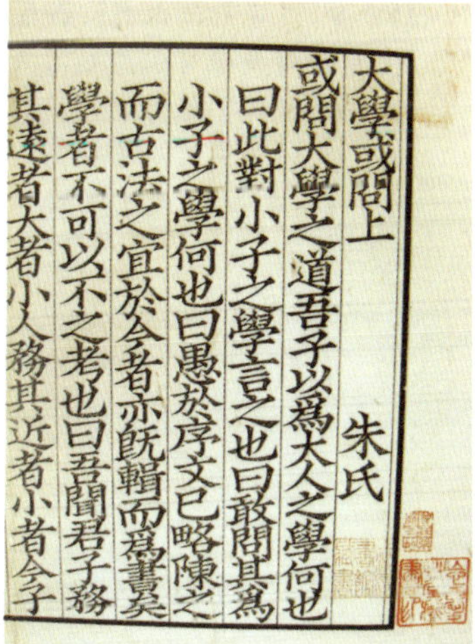
大學或問上　朱氏
或問大學之道吾子以爲大人之學何也
曰此對小子之學言之也曰敢問其爲
小子之學何也曰愚於序文已略陳之
而古法之宜於今者亦既輯而爲書矣
學者不可以不之考也曰吾聞君子務
其遠者大者小人務其近者小者今子

《论语或问纂要》书影（宋刻本，现存上海图书馆）

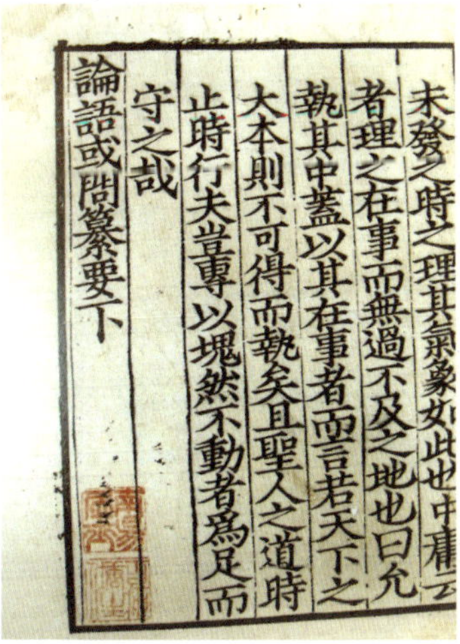
未發之時之理其氣象如此也中權
者理之在事而無過不及之地也曰允
執其中蓋以其在事者而言若天下之
大本則不可得而執矣且聖人之道時
止時行夫豈專以塊然不動者爲是而
守之哉
論語或問纂要下

五一 问孙子

《兵势》篇中说:“激水之疾,至于漂石者,势也。鸷鸟之疾,至于毁折者,节也。是故善战者,其势险,其节短。声如彍弩,节如发机。”读您这样一段明快而生动文字,感悟至深,觉得这是对“勇怯,势也”一语的最好注脚,我们这样理解可以吗?

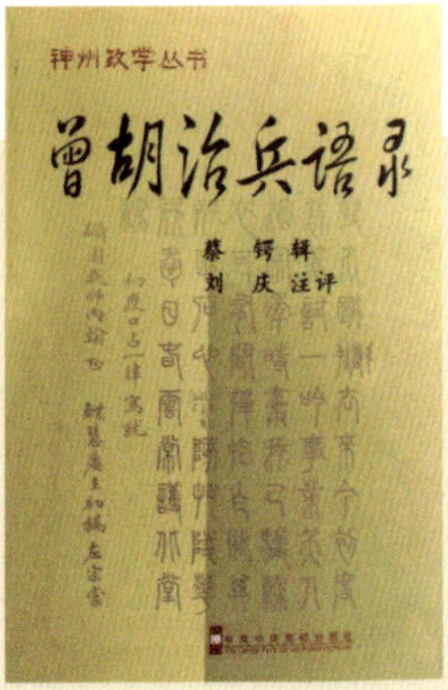

《曾胡治兵语录》书影

《曾胡治兵语录》是根据曾国藩、胡林翼有关治军、用兵方面的言论而编成的一部语录体兵书,蔡锷辑。兵机、战守两章为战略战术问题,讲究持重谨慎。主张“简练慎出”,无充分准备不轻言战,提出“以静制动,以逸待劳”。充满“势”气,皆源于《孙子兵法》。

孙子: 我看大致上是可以的。所谓造势,要掌握两条:一是要有一种大气势。我在文中说了,水是柔的,石是刚的,可是,水可以借助于势把石头冲走(即所谓“漂石”),这就是以柔克刚。我们要的就是这样一种韧劲、冲劲。二是要学会抓住稍纵即逝的时机。有如鸷鸟扑杀鸟雀,先是等待着,寻找着最佳的时机,最后就是在一刹那间扑了过去,获得了猎物。在战争中也是这样,谁能捕捉住“其节短”的瞬间,谁就能取得胜利。

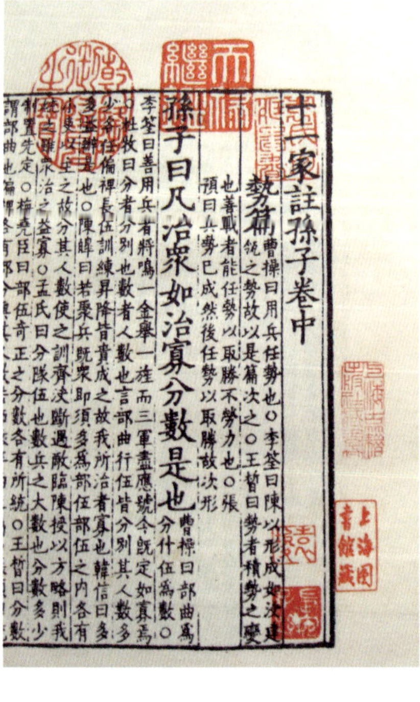
十一家註孫子卷中

勢篇 曹操曰用兵任勢也○李筌曰陳以形成如決建瓴之勢故以是篇次之○王晳曰勢者積勢之變也善戰者能任勢以取勝不勞力也○張預曰兵勢已成然後任勢以取勝故次形

孫子曰凡治衆如治寡分數是也 曹操曰部曲爲分什伍爲數○李筌曰善用兵者將鳴一金舉一旌而三軍盡應號令既定如寡爲多○杜牧曰分者分別也數者人數也言部曲行伍皆分別其人數多少各任偏裨長伍訓練昇降皆責成之故我所治者寡也韓信曰多多益辦是也○陳皡曰若聚兵既衆即須多爲部伍部伍之内各有小吏以主之故分其人數使之訓齊決斷遇敵臨陳授以方略則我統之雖衆治之益寡○孟氏曰分隊伍也數兵之大數也分數多少制置先定○梅堯臣曰部伍奇正之分數各有所統○王晳曰分數謂部曲也

《十一家注孙子·势篇》书影(宋本)

该篇论述用兵作战要造成一种可以压倒敌人的迅猛之势,并要善于利用这种迅猛之势。势是什么呢?孙子说,这种势就像可以漂起石头的激流,就像一触即发的拉满的弓弩,就像圆石从千仞高山上滚下,有一种不可抵挡的力量。

在实战过程中，有时是很难分清何者为“形”何者为“势”的，两者常常融会在一起，是不是这样？

曹操像

曹操，汉魏之际著名的政治家、军事家，三国时魏国的奠基者，是今存《孙子兵法》的第一个注本的作者。曹操先后击败吕布、袁术、袁绍等豪强集团，征服乌桓贵族，统一北方。因精通兵法，熟谙《孙子》，认为“形”与“势”融会才有合力，著有《兵书接要》《兵书要论》《兵书略要》等书。并校正注释《孙子兵法》《司马法》等。

孙子：完全是这样的。我可以引这样一段话：“故善动敌者，形之，敌必从之。予之，敌必取之。以利动之，以卒待之。”（《兵势》）为了调动敌人，我们要给敌人一个“形”，但是，这个“形”展示的可以是假象，为的是使敌人产生错觉，从而打败敌人。制造虚假之“形”以迷惑敌人的过程，其中就有我方的“势”在发挥作用。这整个过程中，有“形”，也有“势”，两者水乳交融，是难以分开的。但作为领军人物，心中要有数，要有主见。

认清“形”和“势”的相互融会和相互转换，从而强形转势，这是军界首脑的一种大战略和大智慧。

孙子兵法城势篇殿

在认真分析“形”与“势”的基础上，您的杰出之处在于提出了若干被世人视为“放之四海而皆准”的兵略法则，这些兵略法则是怎么被发掘和制定出来的呢？

诸葛亮像

诸葛亮，字孔明，号卧龙（也作伏龙），蜀汉丞相，三国时期杰出的政治家、战略家、军事家。在世时被封为武乡侯，谥曰忠武侯；后来的东晋政权为了推崇诸葛亮的军事才能，特追封他为武兴王。代表作有《前出师表》《后出师表》《诫子书》等。发明木牛流马、孔明灯等。他推崇孙武兵法，说：“战非孙武之谋，无以出其计远”（诸葛亮《便宜十六策》）。

孙子：这些被大家都看好的兵略法则的提出，实际上当然是不能记在我一个人的功劳簿上的，我是大量吸收了我的前辈和古人的兵略思想，加以消化和吸收，写进了我的《孙子兵法》之中。我说过，在战争中应培养“投之无所往，死且不北”的勇敢战士，这一思想就是从吴国的勇士专诸、鲁国的武士曹刿那儿学来的（《九地》）。这样取之古人、前人的经验可多呢。另外，当然还有许多是我个人的实战经验。在数十年间，我自己就指挥过多次战斗，我的许多兵略法则可以说是我实战经验的结晶。

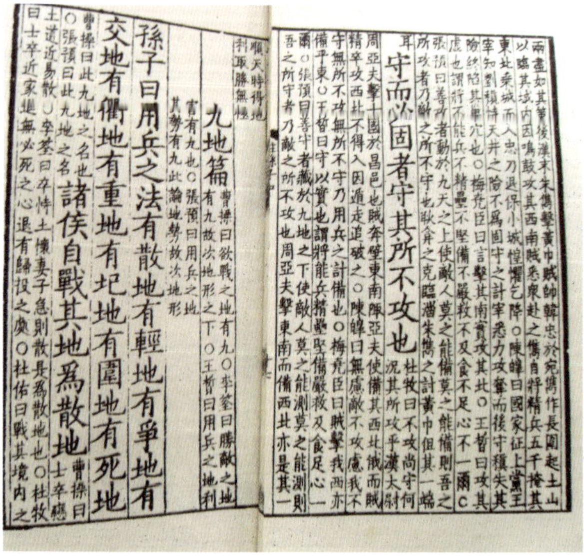

守而必固者守其所不攻也

九地篇

孫子曰用兵之法有散地有輕地有爭地有交地有衢地有重地有圮地有圍地有死地諸侯自戰其地爲散地

《孙子兵法·九地篇》书影

该篇论述九种不同作战地区及其用兵原则，提出了“兵之情主速，乘人之不及，由不虞之道，攻其所不戒”的突然袭击的作战思想。

下面我们就一起来讨论您的兵略法则吧！首先，请您说说也许是可以称为第一兵略法则的“先知后战”吧！

孙子：我说过“明君贤将所以动而胜人，成功出于众者，先知也。先知者，不可取于鬼神，不可象于事，不可验于度，必取于人”（《谋攻》）。这里明确得很，“先知”并不是我的独家发明，我的“先知论”的特色在于针对原先治军者的三种“先知论”而发的：其一，“不可取于鬼神”。这在我之前的治军者中是通行的。就是在发兵之前，先得举行卜筮仪式，让鬼神决定是否可进攻、采取怎样的形式进攻。我把这一仪式取消了。其二，“不可象于事”，“象”者，现象也。在战前，会有许多现象呈现到治军者的面前，治军者可以对现象作分析，但不可只凭现象来采取军事行动。其三，“不可验于度”。这里的“度”，指的是日月星辰这样一些天象的变化之程度。天象在军事行动中当然可以作为一个参照因素，但不可像某些兵家那样以此为“验”，古今中外的大量战例都告诉我们，“验于度”会出大问题。我的“先知后战”是建立在“必取于人”这个前提条件下的。在晋人陈寿所选编的《便宜十六策》中也强调这一治军方略。

陈寿雕像

陈寿，西晋史学家。入晋以后，历任著作郎、长平太守、治书侍御史等职。四十八岁开始撰写《三国志》。

《便宜十六策》书影（中国人民大学出版社出版）

《便宜十六策》主要论述治国治军之道，含有“先知后战”的军事思想。全文分别论述治理国家的十六个方面，故称“十六策”，共约六千字，后代学者认为，《便宜十六策》是陈寿所选的诸葛亮兵法二十四篇之外的作品。《便宜十六策》在《隋书·经籍志》中有收录，此后的许多兵法类书都收有《便宜十六策》。

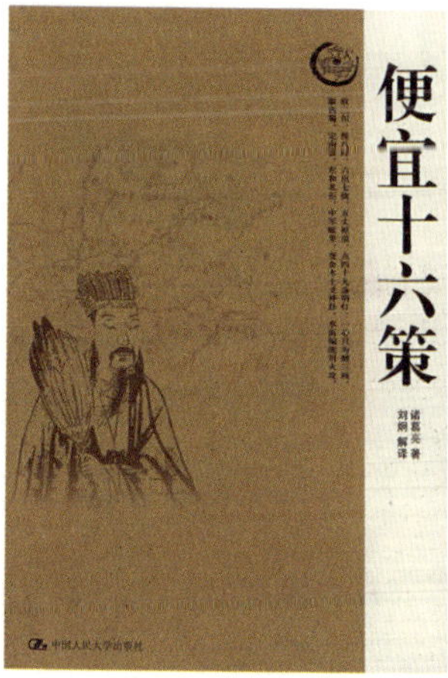

根据您的说法实施“先知后战”，最后还是“必取于人”，就是取决于人的因素，取决于率领军队的那些将领的素养。从素养角度看，对将领应有哪些要求呢?

孙子：包括的内容是十分广泛的，概而言之，那就是：“知己知彼，胜乃不殆。知天知地，胜乃可全。”(《地形》)这里包含了四个方面：一是知己，也就是对自我力量的正确估量；二是知彼，对敌情的充分了解；三是知天，对作战当时的气候条件心中有数；四是知地，对作战场所地形、地势、地貌的详尽了解。将领必须对这四个方面有透彻的了解，战争的成败就取决于这样的“人”。只有那样，才可能做到百战不殆。我在《行军》中提出了多种观察、判断敌情的方法，其目的就在于达到知己知彼、知天知地的目的。

李贽像

李贽对孙子“知己知彼”以及“必取于人”等思想极为推崇，甚至把他不能广泛传授《孙子兵法》视为终身遗憾，说：“吾独恨其不能以《七书》与《六经》合而为一，以教天下万世也”《孙子参同·自序》。

孙子兵法城行军篇殿

在我们看来，您的兵略法则之二，应该是“灵活多变”了。读您的《九变》篇，觉得贯彻您的兵法思想的灵魂就在于一个“变”字，我们这样理解，您以为然否？

韩信像

韩信，西汉开国功臣，中国历史上杰出的军事家，“汉初三杰”之一。中国军事思想“谋战”派代表人物，被后人奉为“兵仙”“战神”。“王侯将相”韩信一人全任。有学者认为，当时战事频繁，兵法大为流行，韩信熟谙《孙子兵法》，认为要旨在于“通于九变”，即机动灵活。

孙子：当然是正确的。我所说的用兵“九变”指的是：对占据高山的敌人不要从下面向上仰攻；对背靠丘陵的敌人不要正面迎击；对假装败退的敌人不要跟踪追击；对敌人的精锐部队不要与之交战；对敌人用以诱我的饵兵不要理睬；对回师本国的敌军不要拦阻；对被包围的敌军必须留下一个缺口；对穷寇不要追迫；对于处于死地的敌人不要截击。在我看来，“通于九变之利者，知用兵矣”。

当然，我这里说的是“通于九变”，“通”主要指军事实践，而不是纸面上的熟读兵书。后世的诸葛亮不是有一员爱将叫马谡的吗？他不是号称学通了我的兵书吗？而一上阵，却忘记我一再告诫的“高陵勿向”这最基本的一条，结果因失街亭而迫使孔明“挥泪斩马谡”。这是一个大的历史教训。

诸葛亮故里纪念馆

另外，要真正在“变”字上学通，更加不容易。就拿“佯北勿从”这一条来说吧。你怎么知道敌人是在“佯北”，这就要花很多的工夫与精力去观察、去分析。这里的“变”数很多，作为一个军事家要做到这一点，实在不易！

在我们看来，您的兵略法则之三是："因粮于敌"。这是一个极为重大的战略思想。能不能对比作些深入剖析？

赵充国雕像

汉代名将赵充国"少好将帅之节而学兵法"。他注重"因粮于敌"，在"陈兵利害"的"上书"中，历引《孙子兵法》中的："攻不足者，守有余"；"先为不可胜，以侍敌之可胜"；"善战者致人，不致于人"；"以逸待劳"（《汉书·赵充国传》）等战略原则，论述如何对待边疆少数民族的策略，颇多建树。

孙子：这是一个大课题，在我那时候可能是一个新课题。这也是针对当时作战中的最大问题而提出来的。当时，如果为了战争而发十万大军的话，那运兵的军车大约是一千辆，即通常所谓的"驰车"，而运送粮草的军车也要大约一千辆，那就是所谓"革车"，或称为重车、辎车。但因为重车笨重，行动不便，又常常拖了大部队的后腿，而且在军队中，粮草是最为重要的，因此敌方为了击败对手，总是千方百计地袭取粮车，为了保护粮车，又得抽出相当数量的兵力来护卫。从更深层次上讲，征战运粮加重了国内民众的负担，"国之贫于师者远输，远输则百姓贫"，"百姓之费，十去其七"。这都是一场大的战争所造成的恶果。因此，我决定彻底改变方略，实行"役不再籍，粮不再载；取用于国，因粮于敌"。每攻占一个地方，就在那个地方征用军粮，这样就大大减少了远途运输军粮造成的人力、财力、物力上的负担，这可能在军事史上算是一大发明了。

驰车（孙子兵法城）

与上面那个兵略法则有关联的第四兵略法则是“速战速决”。据我们所知，历史上对这一法则同意的人不少，但也有些人是反对的。在这个问题上，您是怎么考虑的呢？

俞大猷像

俞大猷，明代抗倭名将、儒将、武术家、诗人。他历任明代三朝，一生坎坷。累官都督。与抗倭名将戚继光并称“俞龙戚虎”。俞反对孙子的“速决”思想，认为，孙武子“‘兵闻拙速’一言，误天下后世徒读其书之人，杀天下后世千千万人之命，可胜恨哉！”故作《拙速解》。

孙子：我主要从两个方面考虑问题：一是“钝兵挫锐”，即军队久屯不战，士气就挫败了。这是个大问题。历来的军事家都认为，部队的战斗力贵在一鼓作气。如果部队进入战斗状态后，迟迟不开战，那么部队的战斗力就会受挫，攻城略地就很难取胜，这会影响战士的士气。二是“久暴师则国用不足”。这对进攻方来说是一个大忌。即使做到了上面那个兵略中所说的“因粮于敌”，“久暴师”部队的“内外之费，宾客之用，胶漆之材、车甲之奉”（《作战》）等方面的开销也会大得惊人。再加上军士健康等方面的原因，所带来的困难会越来越大。

因此，任何一场战争，准备的时间可以长些，各方面考虑得周全些，但战争一旦打响，就应速战速决，以避免持久所造成的各种负担和困难。历史上虽说有人反对，但从我的经验看，还是“速战速决”为好。

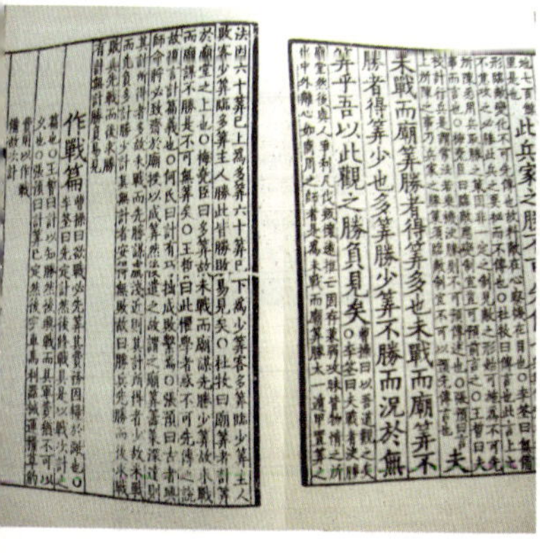

《孙子兵法·作战篇》书影

该篇论述速战速胜的重要性。孙武反对以当时简陋的作战武器去攻克坚固的城寨，也反对在国内一再征集兵员和调运军用物资，而主张在敌国就地解决粮草；主张用财货厚赏士兵，优待俘虏，用缴获来补充壮大自己。他认为这样做，才能迅速战胜敌人。

据我们所知，您所说的速战，还有攻其不备的意思在里面，是不是这样？

轻车（孙子兵法城）

孙子：当然是。在战史上哪有让人准备好了再发动战斗的！我说过："兵之情主速，乘人之不及。由不虞之道，攻其所不戒也。"（《九地》）"乘人之不及"说的就是发动战事的突然性。在战前要麻痹敌人，让敌人以为战争是打不起来的。然而，当战争突发时，他们再要做准备就措手不及了。"攻其所不戒"，是指战斗所走的路线。明明可以走直路的，我偏要走弯路；明明可以走近路的，我偏偏走远路；明明可以走水路的，我偏偏走山路，这叫"不虞之道"。这样可以让敌方原先认为最不易被攻击的部队受到重创。这里说的乘人不及、攻其不戒，也都是"速战"的内涵之一。

孙子兵法城九地篇殿

兵略之五当然是“以多击寡”法则了。您这里说的“多”与“寡”似乎也是辩证的，并不一定是投入战斗的兵力总量的多与寡，是不是这样？

唐顺之像

唐顺之，明代儒学大师、军事家、散文家。嘉靖八年会试第一贡士。历官右佥都御史、凤阳巡抚。文武全才，提倡唐宋散文，著有《武编》，主张“以多击寡”之法则，大量征引孙子的论述，在《攻》篇中引“兵法”曰：“全国为上，破国次之”；又引“法”曰：“十则围之，五则攻之。”其说皆出自《孙子》。

孙子：我投入的兵力是十万，敌方是五万，这么一种比例，任何人都会知道那是以多击寡了。但是，我所说的“以多击寡”是一个战略的概念。也就是说，运用我的战略去作战，每次战斗总是以多击寡的。为什么这样说呢？

如果我的兵员本身多于敌人，那自然是以多击寡了。我说过：“用兵之法，十则围之，五则攻之，倍则分之，敌则能战之。”（《谋攻》）这都是总体上的以多击寡。我军是敌方十倍的话，就围而歼灭之。我军是敌方五倍的话，就进行强攻，速战消灭之。如果我军是敌方双倍的话，就把敌人一部分一部分的吃掉。这种情况我遇到过不少。

但更多的似乎不是这样一种情况。而是我的总体兵员比敌方还少些，但我还是要战胜敌人，我在战略上还是要“以多击寡”。这不是在说笑话吗？不是。我认为可以通过调动敌人和调动自我，仍然可以达到以多击寡的目的。我说过这样一段话：“我专为一，敌分为十，是以十攻其一也，则我众而敌寡。”（《虚实》）调动自我，就是“我专为一”。就是说每次战斗时，我总要把自己的军队捏成一个拳头，重重的，狠狠的，捏紧拳头打出去。所谓调动敌人，就是“敌分为十”。当然，敌人是不肯轻易“分为十”的，要靠我们的调动。要制造种种假象，好像是处处受敌了，于是迫使敌人不得不“分为十”。如果我军是三万人，敌军是十万人，那样总体上敌军占绝对的优势。但是，经过调动，“我专为一”，即我投入战斗的部队仍然是三万。而敌人通过“敌分为十”，那每部分只有一万。以我之三万，战敌之一万，岂不是绝对的“以多击寡”吗？毛泽东说的“伤其十指不如断其一指”，大概也是这个意思。

有人对您所言的“知彼知己，百战不殆；知天知地，胜乃可全”这句话，视为先知先觉的唯心主义，是否这样？

孙子兵法城开城庆典

孙子： 我劝人们不要动不动就以“唯心主义”之类的帽子吓人。还是讲事实吧！我认为战争的胜负是可以预见的。不过，这个预见是有条件的，我说：“经之以五事，校之以计，而索其情”（《计》），这里的“经”是讲度量、“校”是讲比较，“计”是讲条件，“索”是讲研究。多方面、多角度地比较敌我双方的主要条件，从而得出胜负的结论来，应该说，这是唯物的。对于某些人在开战前去占卜，去求鬼神，有的凭主观类推臆断，或根据片面现象胡乱地瞎猜，这倒是唯心主义，对此，我一直是持反对态度的。从《孙子兵法》全书找不出迷信或近乎迷信的地方，我是力主从客观实际出发，调查了解敌情、我情、天时地理，进行综合分析研究，从现象到本质，得出结论。我讲得很明确：“先知者不可取于鬼神，不可象于事，不可验于度，必取于人，知敌之情者也。”（《用间》）这样做怎么可以说是唯心主义的呢？

孙武故里兵学论坛

说到调动自己和调动敌人，还有一种极其特殊的情况，那就是在自我军队绝对弱小的情况下，您倡导了“少则能逃之，不若则能避之”（《谋攻》）的用兵之法。据专家说，“逃”在这里应读成“挑”，也就是暗中骚扰敌军。这样做，对于以多击寡的战略有何意义？

朱元璋像

朱元璋，明王朝的开国皇帝。原名重八，后取名兴宗。朱元璋统治时期被称为“洪武之治”。他大力提倡阅读《孙子》等兵法著作，对孙子的“少则挑之”的思想甚为推崇，把兵法理论作为武举考试的科目。如洪武三十年（1397年），下诏：“仰军官子孙讲读武书，通晓者临朝试用。”（刘寅《武经直解序》）当年，朱元璋又旨令兵部复刻元版《武经七书》，使之广为流传。

孙子：意义可大得很呐！“挑之”，即有“挑逗之”之意。其目的显然是为了消耗敌人的有生力量，一点点地吃掉对方。“挑之”的结果使敌人的日子很不好过，整天坐卧不安的。激其情绪，让敌人痛恨，巴不得一口吃了我方，可又是老虎吃天，无从下口。经过一段时间这样的特殊较量，当我军积累了足够的力量以后，再发动反攻战。所谓“不若则能避之”的“避”不是被动的逃避，而是主动的躲避。躲避是为了保存自己的实力，也是为了积蓄自己的力量，最终为了提高和壮大自己。总之，不论是“挑之”也好，“避之”也罢，都是一种“捉迷藏”式战略，是服从于“以多击寡”的兵法。要知道，哪一支强大军队，不是从弱小成长起来的？

兵圣孙武（孙子兵法城提供）

兵略之六似乎可以称为“分离敌营”。这是一种大战略，让敌人上上下下都处于支离破碎的境况之中，这样获取胜利是自然的了。问题是这样做的方略如何呢？

“作战篇”匾额

孙子：我借鉴了古代用兵方家的一些做法，将它归结为：“所谓古之善用兵者，能使敌人前后不相及，众寡不相恃，贵贱不相救，上下不相扶，卒离而不集，兵合而不齐”（《九地》）。这里说到，要使敌军的前军与后军无法顾及，主力部队与非主力部队不能互相依靠和协同作战，使上层的官员与下层的士兵无法沟通，使士兵与士兵之间没有集中统一的思想。这样，当然战斗力就大为削弱了，我方战而胜之也就有了良好的机会。还有重要的一条就是我在《作战》篇所强调的，要厚赏士兵、优待俘虏，唯此才能“分离敌营”。

孙子兵法城作战篇殿

兵略之七似乎可名之为"兵如率然"。为了有效地战胜敌人，如何使部队整齐，在战争情况下如何做出最迅速、最有效的反应，成了一个重大的问题。您提出了一个战略性的大命题："兵可使如率然乎？"这个问题我们弄不太清楚，先生可否明示？

蔡锷像

蔡锷，原名艮寅，字松坡，遗著被编为《蔡松坡集》。蔡锷曾经响应辛亥革命，发动反对袁世凯洪宪帝制的护国战争，是民国初年的杰出军事领袖。他对曾国藩、胡林翼的治兵、用兵思想以及《孙子兵法》极为推崇，辑有《曾胡治兵语录》。

孙子： 先要对"率然"这个词作一点说明。率然，是一种传说中的常山之蛇。这种蛇很有意思：体壮，头尾都很大，色五彩。"击其首，则尾至。击其尾，则首至。击其中，则首尾俱至。"（《九地》）就是说，击它的头部，它的尾部弹过来救应；击它的尾部，它的头部弹过来救应；击它的腰部，它的头尾一齐弹过来救应。我这里是以率然之蛇来比喻军队。如果我们的军队像率然之蛇一样整体相应，只要某一处受到打击，其他部分马上能做出积极的反应，并采取保护性措施。只有这样，自己的部队才能让敌人无可趁之机，从而使自军立于不败之地。

蔡锷公馆

《军事计划》一书是蔡锷晚年最重要的军事学术著作，也是他军事思想的最高成就和全面总结。在这部书里，蔡锷将其在《军国民篇》《曾胡治兵语录按语》中的思想加以充分展开，并融合《孙子兵法》以及西方近代军事思想的精华，参照国外军备、战史等情况，提出了一系列有关军事改革的见解，并概述了自己对中国军事教育、编制、战略、装备等问题的可行方案。

孙子兵法城俯瞰图

第三章

不战而胜

战争总是残酷的，它带来的只能是痛苦、贫穷、流血、死亡。如果能通过某种手段避免战争的发生，而同样能达到“计利”的目的，那是再好不过的事。“不战而屈人之兵”，一直是孙武心中的一个美丽的梦。为了能圆这样一个人世美梦，他致力于“伐谋”——一方面是识破敌人的攻守谋略，使敌人的计谋不能得逞；另一方面是以自己胜人一筹的谋略瓦解敌人的军心，挫败敌人的锐气。在孙武看来，治军既要治力，又要治心，而且是重在治心。只有这样，“不战而胜”梦想才有可能得以实现。

一般地说，带兵的人往往是有打仗的准备。世人也每每会推崇百战百胜的常胜将军。可是，您与众不同。您说过这样一句话："百战百胜，非善之善者也。"（《谋攻》）意思是说，即使是百战百胜的人，也不能说是最好的将领。那么，您认为最好的将领该是怎样的呢？

孙子：我在那段文字的后面，明确写上了："不战而屈人之兵，善之善者也"（《谋攻》）。在我看来，最上乘的将领应该有那样基本的两手：一手是善于打仗，并且能战而胜之，不要说是常胜将军，至少是在多数情况下能克敌制胜；另一手是不通过战争而能达到使对方的军队跪服在自己膝下之目的。在我看来，战是为了不战，因此，对一个高明而真正有作为的将领来说，后者是更重要的。

冯奉世雕像

冯奉世，西汉名将。年三十余乃学《春秋》，习《孙子兵法》，以卫侯使出使大宛，大败莎车，封关内侯。陇西羌人反，右将军冯奉世愿前往征讨。汉元帝问以用兵之数，冯即引《孙子兵法》"善用兵者，役不再兴，粮不三载"。

孙子兵法城谋攻篇殿

《三国志》书影（中华书局出版）

曹操在其一生的戎马生涯中，熟练地运用孙子的理论，打过许多漂亮的胜仗。对“不战而屈人之兵”的战略思想甚为推崇，有人评论说：“其行军用师，大较依孙、吴之法，而因事设奇，谲敌制胜，变化如神”(《三国志·魏书·武帝纪》)。

您提出“不战而屈人之兵”这样一个问题，是基于怎样的认知和考虑呢？

孙子： 很明确，是基于对战争残酷性和可怖性的一种理智的认识。我是一位将军，又是一位有头脑的军事家，我主张“因利而制权”(《计》)，就是说，看怎样有利，就怎样权变，就怎样制定最好最妥帖的谋略。在春秋之世，战事绵绵不绝，如果出动十万之师的话，那非得“日费千金”不可。又是兵士的粮草，又是长途运输，又是战火中的毁灭，花去的至少是整个财富的“十去其六”到“十去其七”(《计》)，再加上人口的丧失和死伤，其惨状难以言表。我作过统计，为了攻取一所城池，“杀士三分之一而城不拔者”(《谋攻》)是常有之事。攻城的士兵死得那样多，无辜的百姓的死伤就更多了。这样的战争，即使是“百战百胜”，对士兵家庭和广大的民众来说，有什么实际意义呢？正是出于这样一种考虑，我提出了“不战而屈人之兵”的战略口号。

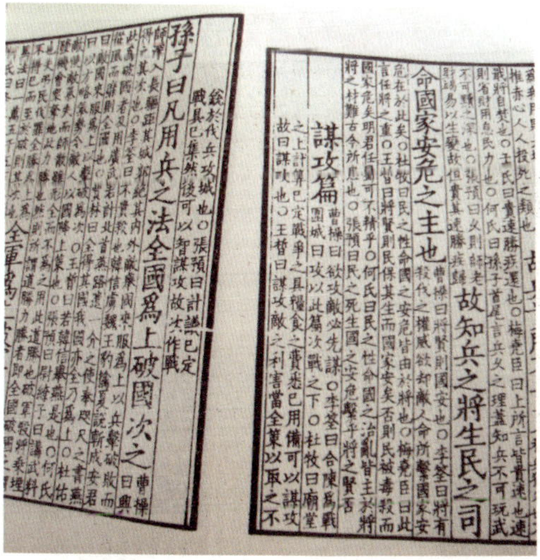
命國家安危之主也
故知兵之將生民之司
謀攻篇
孫子曰凡用兵之法全國爲上破國次之

《孙子兵法·谋攻篇》书影

该篇论述用计谋征服敌人的问题。孙武认为“不战而屈人之兵”是“善中之善者”。孙武在此篇中提出了“知彼知己，百战不殆”的光辉思想，认为谋略必须建立在了解敌我双方情况的基础上。

这种“不战而屈人之兵”的战略，您称之为“全胜”战略。这里的“全”是何种意义上说的？

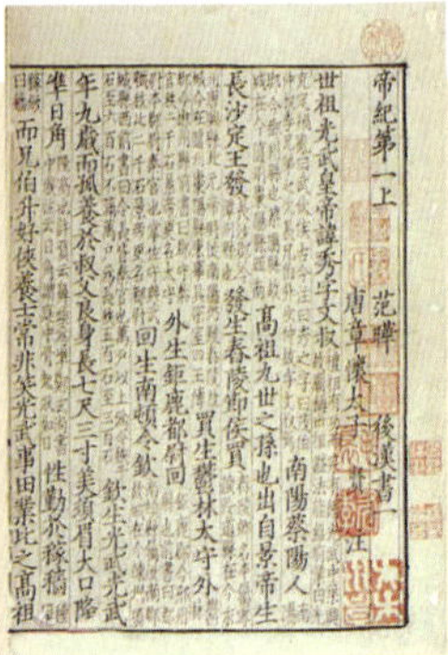
帝紀第一上 范曄 後漢書一
唐章懷太子賢注
世祖光武皇帝諱秀字文叔 南陽蔡陽人
高祖九世之孫也出自景帝生
長沙定王發 發生舂陵節侯買 買生鬱林太守外
外生鉅鹿都尉回 回生南頓令欽 欽生光武 光武
年九歲而孤養於叔父良身長七尺三寸美須眉大口隆
準日角 性勤於稼穡
而兄伯升好俠養士常非笑光武事田業比之高祖

《后汉书》书影

皇甫嵩，东汉末期名将。灵帝时为北地太守。黄巾起义爆发时，任左中郎将，与朱儁率军镇压起义军，他也提出了这样一些战略原则：“百战百胜，不如不战而屈人之兵”；“先为不可胜，以待敌之可胜”（《后汉书·皇甫嵩传》）。这些显然都是孙子的战略思想。据说，东汉时立下制度：“立秋之日，……兵官皆肄孙、吴兵法，六十四阵。”（《后汉书·礼仪志》）可见东汉统治者对《孙子兵法》的偏爱。

孙子：“全胜”当然首先是针对攻略目标而言的。你为要攻取一城、一池、一地、一国，也许表面上会有种种说法，但归根到底是为了取得那里的土地和民众。如果通过残酷的战争，把那里的财富消耗殆尽了，使那里的民众也死伤了许多，即使攻城略地得到了成功，又有什么实际意义呢？所以我说：“凡用兵之法，全国为上，破国次之；全军为上，破军次之；全旅为上，破旅次之；全卒为上，破卒次之；全伍为上，破伍次之。”（《谋攻》）敌国不战而降服于你，那这个国家的民众、财力都可以为你所用。敌军不战而降服于你，这支军队就可以成为你的武装，你不就更强大了吗？

“谋攻篇”匾额

这里说的“全胜”，是单单指战胜国而言，还是也包括“屈从国”在里面？

唐太宗像

唐太宗十分器重名将李靖，常与他讨论兵事。后人依据有关材料，撰成了《李卫公问对》一书。书中记述李靖与唐太宗论兵，大量引用《孙子兵法》“利而诱之，乱而取之”；“佯北勿追”，“能而示之不能”；“奇正之变，不可胜穷”等论述。唐太宗曾感慨地说：“朕观诸兵书，无出孙武”，对孙子的军事艺术给予极高的评价。

孙子：我没有明说，但实际上当然是这么回事。战争是残酷的，尤其对被侵害国来说如此。现在和平解决了，无论对战胜国来说，还是对屈从国的民众来说都是好事，至少能使老百姓免受战火之苦。

《资治通鉴》书影（中华书局出版）

《资治通鉴》卷六十二有载：公元198 年，曹操与刘表、张绣战于安众，操纵奇兵夹击，大破敌军。事后有人问曹操破敌缘由，曹操回答说：“虏遏吾归师，而与吾死地，吾是以知胜矣！”司马光以为曹操这一仗之所以迅速取胜，是因为运用了《孙子兵法》的“归师勿遏”和“置之死地而后生”的原则，在将《孙子兵法》的战略战术运用于现实战事上，连张绣的谋士贾诩也承认，“张绣非曹公敌也”。

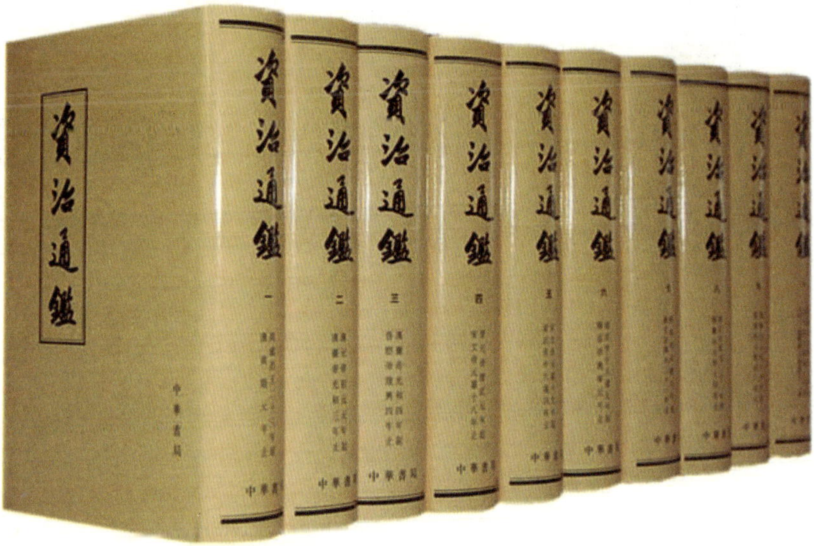

我们知道，您的完整的提法是“自保而全胜”（《军形》）这是不是意味着，“不战而屈人之兵”是一种双赢？

孙子： 当然是的。我认为和平是双赢，这个提法可取。对屈从国来说，可以免于杀戮之苦，对原先要加兵于人的国家来说，可以得以“自保”。自保者，就是自我保全也。“久暴师则国用不足。”（《作战》）一直卷入战争之中，杀人兵器无奇不有，即使你表面上是胜利者，最后也会国库空虚、民生不周。战争对双方来说都会是痛苦的。

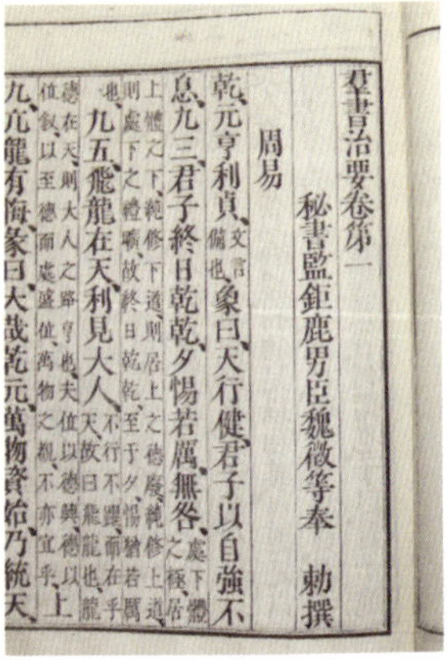
羣書治要卷第一
秘書監鉅鹿男臣魏徵等奉　勅撰
周易
乾元亨利貞象曰天行健君子以自強不息九三君子終日乾乾夕惕若厲無咎
九五飛龍在天利見大人
九亢龍有悔彖曰大哉乾元萬物資始乃統天

魏征像及《群书治要》书影

唐初政治家魏征摘取《孙子》各篇的重要文句，附以曹操的注解，编成《孙子兵法治要》，收在《群书治要》内，以供皇帝阅览。《孙子》成了治国安邦的重要文献。

商后期的透雕龙纹钺

钺是古代刑杀的兵器，也被视为王权的象征。

妇好钺

饰两虎相争吞食人头状。

铜内玉援戈

系贵族举行典礼时所用之器。

可是，事实上战争是双方或多方的事，不是你某一方不想打就不打了的。实际情况常常是这样的：一方想息事宁人，但对方不肯罢休，不断的挑起事端。这样，战争还是制止不了。您有经验，要真正做到“不战而屈人之兵”需要有怎样的条件？

《太白阴经》书影（军事科学出版社出版）

李筌注《太白阴经》，其中《选土篇》引孙子曰：“兵无选锋曰北”；《攻城具篇》引“经”曰：“善守者藏于九地之下，善攻者动于九天之上”，着眼于“自保而全胜”，语皆出自《孙子兵法》。文中不少语句、思想和分类的方法，皆承自孙子。

孙子：首先得把自己的事情办好，要有自己的底气和实力。你自己没什么力量，你即使哀求对方不要打，也是难以做到的。“善战者，求之于势，不责于人。”（《兵势》）“责于人”就是整天怨天尤人，埋怨这埋怨那，结果战争还是难以避免。“不责于人”，就是要把基点放在自己力量的基点上。自己有了足够的力量，就是战争狂人要发动战争也要考虑一下自己要承担的后果。

商周古剑（孙子兵法城提供）

在《军争》篇中，您提出了“治军四策”，其中说到“治力者也”一策。在我们看来，所谓“治力”云云，就是要通过种种办法，使自己在实力上更加强大起来，那样就可以实现“不战而屈人之兵”的目标了，是不是这样？

《旧唐书·经籍志》书影

《旧唐书·经籍志》及《旧唐书·马燧传》有载：马燧，字洵美，唐朝名将。学兵书战策，沉勇多智略。安禄山反唐时，往说留守范阳(今北京城西南)的叛将贾循倒戈，事败逃脱。他通晓《孙子兵法》，在与藩镇作战的过程中，马燧提出“粮少利速战”的策略，并引《孙子兵法》“善于致人，不致于人”；“攻其必救”云云。显然，他是运用孙子的战略战术，取得了平息藩镇叛乱的胜利。

孙子： 治力可以从战术角度讲，如我在《军争》篇中说的“以近待远，以佚待劳，以饱待饥”就属于战术性的。但我们更多的应该从战略高度去思考这一问题。我在辅佐吴王的初期，吴国与楚国相较，在国力上还处于下风。我一再建言吴王，单是靠外交和谈不管用，没有实力人家还会把战争强加在你的头上，因此要集中精力“治力”，把国家的实力搞上去，这样，楚国还敢贸然挑起战争吗？

孙子雕像（孙子兵法城前）

与“治力”相关联的是“治变”，您曾经这样说过：“无邀正正之旗，勿击堂堂之陈，此治变者也”（《军争》）。意思是说，不要去截击具有正气的军队和国家，也不要去攻打正在壮大的军队和国家，这是治军的灵活机动方法。这段话除了可以从战术角度理解外，似乎也可以从战略角度去解析，对不对？

杜佑《通典》书影（中华书局出版）

《通典》(二百卷)为唐杜佑撰，是中国历史上第一部体例完备的政书，记述唐天宝以前历代经济、政治、礼法、兵刑等典章制度及地志、民族的专书。在《兵典》的《论将》《法制》《料敌知胜》等许多篇章中，都引孙子的论述作为编辑资料的总纲。

孙子：《军争》篇所言“正正之旗”“堂堂之陈”，可以指一支军队，也可以指一个国家。如果是指一个国家，那就是从战略角度去思考问题了。国家的状况、风气是很不相同的，那些“正正”“堂堂”的国家，自然应该结为友邦，怎么可以“邀之”“击之”呢？吴、越两国实际上就应该是这样的关系。如果说吴国是堂堂之国的话，那么越国可算是正正之国了。两国战则两败，和则两利。如果两国长期结好，那么，不要说是楚国不敢挑起战事，就是中原的晋、齐等国也不敢妄动。可惜后来吴、越之间战争不断，双方都削弱了。吴、越之间的平衡打破了，他国就会乘虚而入。历史告诉人们，与堂堂、正正之国结善，建立持久的和平友好的外交关系，对好战国是一种多么有效多么强有力的钳制。

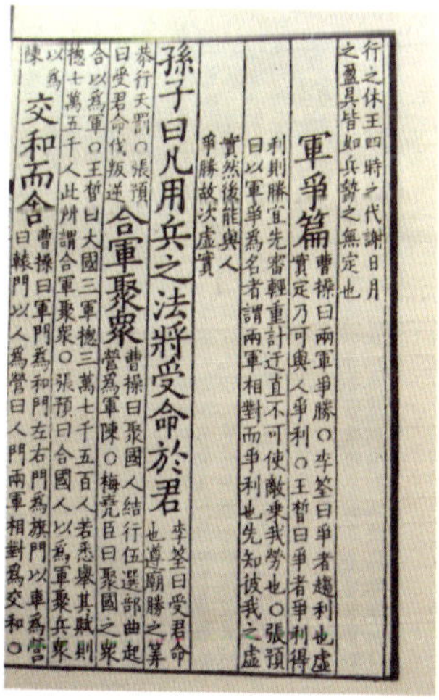
行之休王四時之代謝日月之盈昃皆如兵勢之無定也
軍爭篇 曹操曰兩軍爭勝○李筌曰爭者趨利也虛實定乃可與人爭利○王晳曰爭者爭利得利則勝宜先審輕重計迂直不可使敵乘我勞也○張預曰以軍爭為名者謂兩軍相對而爭利也先知彼我之虛實然後能與人爭勝故次虛實
孫子曰凡用兵之法將受命於君 李筌曰受君命也遵廟勝之筭恭行天罰○張預曰受君命伐叛逆
合軍聚衆 曹操曰聚國人結行伍選部曲起營為軍陳○梅堯臣曰聚國之衆合以為軍○王晳曰大國三軍總三萬七千五百人若悉舉其賦則總七萬五千人此所謂合軍聚衆○張預曰合國人以為軍聚兵衆以為陳
交和而舍 曹操曰軍門為和門左右門為旗門以車為營曰轅門以人為營曰人門兩軍相對為交和○

《孙子兵法·军争篇》书影

该篇论述如何争夺制胜的有利条件，使自己掌握作战主动权的问题。孙武认为：首先，必须了解各诸侯国的政治动向及熟悉地形。其次，必须行动统一，步调一致，做到“勇者不得独进，怯者不得独退”。第三，要求指挥正确，机动灵活，“避其锐气，击其惰归”。

您还说到了“治心”这个问题。您说：“以治待乱，以静待哗，此治心者也。”（《军争》）这里您要表述一个怎样的思想，能否明示一下？

孙子：“以治待乱，以静待哗”这八个字中，最为关键的还是一个“静”字。要达到“不战而屈人之兵”的宏观目标，就得有耐心，要静观其变，不要急急忙忙的用兵。吴王执掌吴军帅印时，在对待强楚上就是取这个战略方针的。当时楚国一时看来还是处于治世，但仔细观察“乱”的要素有不少，在一段时间里似乎平静，但还是掩饰不了哗哗作响的暗流。在我执掌帅印的最初几年，我只是派出若干军队对其干扰一下，待到其乱象毕露、朝野哗然之后，再收拾它。这也叫“不战而屈人之兵”吧！

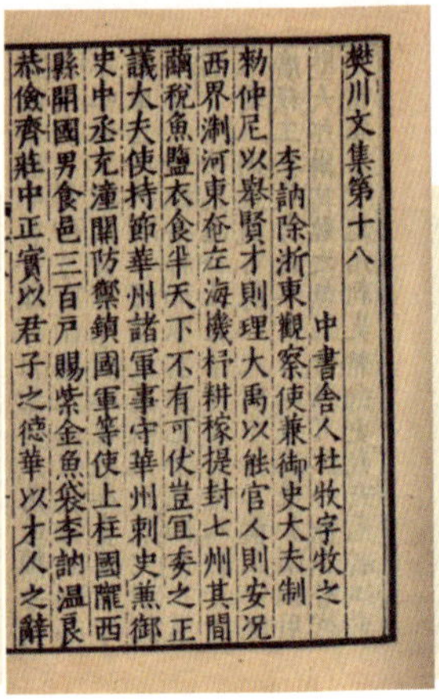
樊川文集第十八
中書舍人杜牧字牧之
李訥除浙東觀察使兼御史大夫制
勑仲尼以舉賢才則理大禹以能官人則安況
西界浙河東奄左海儀杼耕稼提封七州其間
藟稅魚鹽衣食半天下不有可仗豈宜委之正
議大夫使持節華州諸軍事守華州刺史兼御
史中丞充潼關防禦鎮國軍等使上柱國隴西
縣開國男食邑三百戶賜紫金魚袋李訥溫良
恭儉齊莊中正實以君子之德華以才人之辭

《樊川文集》书影

杜牧有感于曹操注《孙子》未能“尽解其书”，又进行了重注，以战争史实来证明孙子言论的正确，成为《孙子》注释中比较完善的一种。

宗泽像

宗泽，南宋大将。刚直豪爽，好读《孙子兵法》，善于用兵。他曾二十多次上书高宗赵构，力主还都东京，并制定了收复中原的方略。因壮志难酬，忧愤成疾。著有《宗忠简公集》传世。

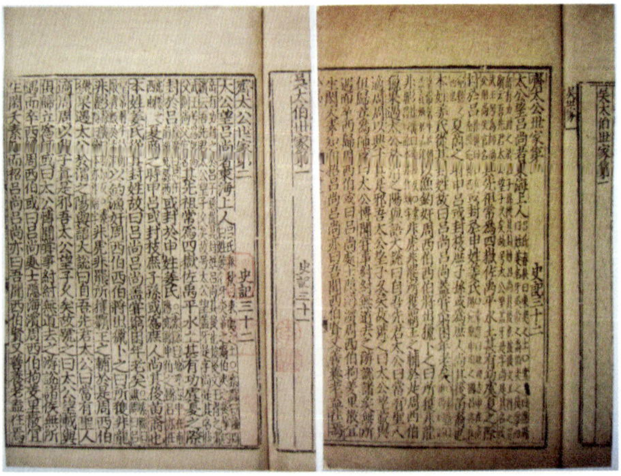

《吴太伯世家》（蒙古中统刻本）书影

《吴太伯世家》出自《史记》，作者司马迁。该篇记载了吴国从开国祖先吴太伯远避荆蛮，至吴王夫差亡国，长达七百年的一部兴亡史。其中有不少关于孙子及其兵家思想的记载。

带军最重要的看来还在于"治气"。对这个问题，先生说得最周全："朝气锐，昼气惰，暮气归。故善用兵者，避其锐气，击其惰归，此治气者也。"（《军争》）朝气和暮气，指的是一支军队的精神状态。您这一思想是否脱胎于"曹刿论战"？

曹刿像

曹刿，即曹沫，春秋时鲁国大夫，著名的军事理论家。鲁庄公十年，齐攻鲁，刿求见请取信于民后战，作战时随从指挥，大败齐师，一鼓作气之典出于此。

孙子：那是毫无疑问的。史书上说，春秋初期齐鲁在长勺展开了一场大仗。总体而言，两国不是等量级的。但一旦打起来，谁胜谁负就充满着变数。当时，鲁庄公一听到齐军的击鼓声就想反击，大将曹刿说："不行，等会儿吧！"齐军击二鼓时，鲁庄公又想反击，又被曹刿阻止。齐军的三通鼓过后，曹刿才对鲁庄公说："可以进攻了！"结果齐军大败，鲁军以弱大胜齐军。事后，曹刿在对鲁庄公解释胜利的原因时，说了"夫战，勇气也！一鼓作气，再而衰，三而竭。彼竭我盈，故克之"（《左传·庄公十年》）。我在《军争》篇中的"治气"思想就是源于曹刿的"一鼓作气"观念的。

曹刿论战图（局部，孙子兵法城提供）

“曹刿论战”给人的启示是很深刻的。一个小国，一支弱旅，可以凭借自己的浩然之气，击败大国、强旅。然而细读您的作品，其中有着太多的发挥和提升，比如说，您说到我方有气，敌方也会有气，如果我方的气更大、更盛、更强，那就可以压制住敌方的气，这就是所谓“三军可以夺气，将军可以夺心”（《军争》）。打压对方的气焰，动摇对方的心志，这比曹刿论战中说的更发人深省。我们这样理解可以吗？

孙子： 大致可以这样理解。但是，还有一点你们没有论及。如果把上面这些话放在“不战而屈人之兵”中去考察，就会发现我这样一个思想：要想阻止那些大国、强国发动无谓的战争，广大的小国、弱国就要在气势上压倒对方，使他们不敢贸然的发动战争，这也不就是一种很得体的“不战而屈人之兵”吗？

《曹刿扶国》戏剧的宣传广告

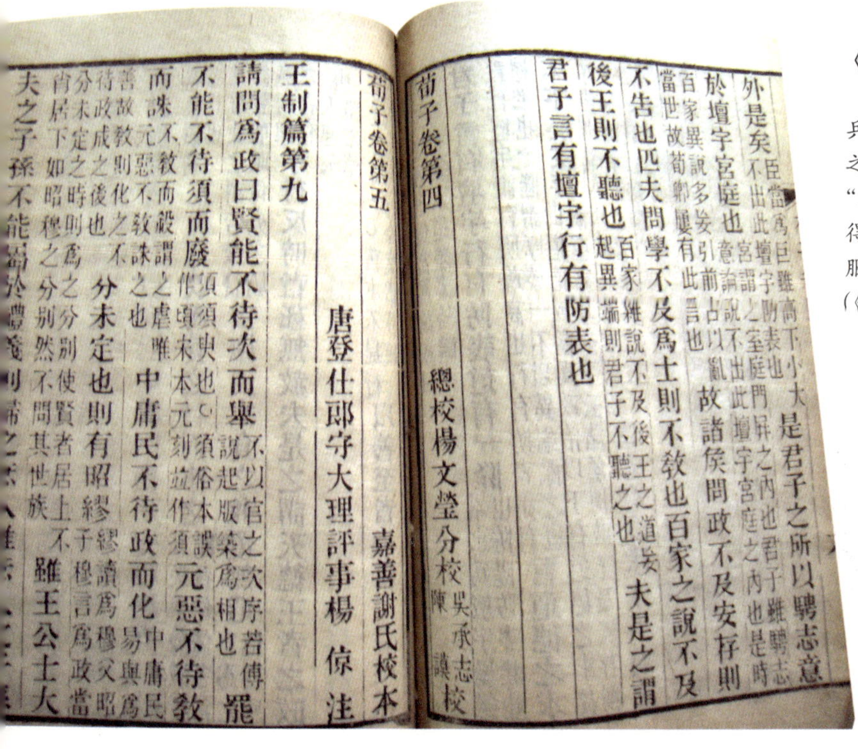
荀子卷第五　唐登仕郎守大理評事楊倞注　嘉善謝氏校本
王制篇第九
請問爲政曰賢能不待次而舉
不能不待須而廢
元惡不待教而誅
中庸民不待政而化
分未定也則有昭繆
雖王公士大夫之子孫

荀子卷第四　總校楊文瑩分校
外是矣 是君子之所以騁志意於壇宇宮庭也
故諸侯問政不及安存則不告也匹夫問學不及爲士則不教也百家之說不及後王則不聽也 夫是之謂君子言有壇宇行有防表也

《荀子·王制》书影

“不战而屈人之兵”这一思想，是兵法之道，《荀子》书中说：“不战而胜，不攻而得，甲兵不劳而天下服，是知王者之道也”（《荀子·王制》）。

在当代社会，大家都承认您的“不战而屈人之兵”的思想具有伟大的现代意义。但是，怎么正确开发这一思想的现代意义，仍然存在着分歧。美国前总统尼克松写的《不战而胜》一书中，阐述了他对您战略思想的高度重视。如今，您的“不战而屈人之兵”的思想，是否能为现代广大民众所用呢？

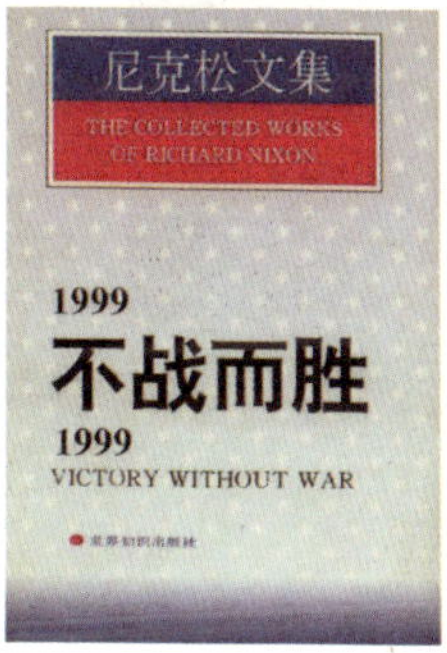

《不战而胜》书影（世界知识出版社出版）

孙子：应该是可以的。我们为什么不可以站在广大被压迫、被欺凌国家和民族的立场上来理解这句话呢？事实上，我提出“不战而屈人之兵”，正是站在弱者立场上提出问题的。面对强大的霸权主义势力，单靠军事武力，弱小民族是斗不过他们的。但是，我们手里有正义，有正气，我们可以利用舆论的力量，团结奋斗的力量，用“不战”的非常手段，“屈”霸权主义者“之兵”。事实证明，那是完全可能做到的。在这个斗争中，我的战略思想大可以助弱者一臂之力啊！

孙子兵法城前门

武圣孙子雕像

第四章 兵者诡道

把战争称为诡道，可谓是一语道破天机。诡者，欺诈也，难以捉摸也，无一定游戏规则也。兵家言兵，妙就妙在这里：既有“诡”，又有“道”。战争是生死存亡、你死我活的殊死较量，故对双方彼此间本无诚信可言。可以这样说，在军事行动中，对敌人的诡，就是对自我的诚。当然，“诡”中又有“道”。这“道”既是指上下同心，严守不可轻泄之天机，同时又是指兵家自身所特有的规律和行为准则。在领军作战中，自有其诡巧、诡曲、诡奇、诡秘、诡诈的方术在。“兵不厌诈”，孙武不愧为诡道大家。

自古以来，战争是历来就有的，但能对战争实质做出妥帖而使人心服的定义的，却实在少有。您的一句名言：“兵者，诡道也。”（《计》）真可以说是震砾古今，从此成为永不枯萎的长青兵家言。请问，形成“兵者诡道”这一重要观念的缘由是什么？

《水浒传》书影

不少学者和读者认为《三国演义》和《水浒传》这两本战争小说讲了不少“诡道”，包含着不少孙子谋略，深受《孙子兵法》的影响。

孙子：我知道你们想要问什么。你们一定在想，很多兵家人物都没提出这一课题，而我提出了，这与我的家学渊源是否有直接的关系。我可以明确地告诉你们，这是的确有关系的。我的祖父陈书就是一位玩“诡术”的大家。当时，齐国正在伐莒国。首派的将军不管用，连战连败。于是，齐王派陈书去。陈书带兵到城下，久久不战，部下还以为他怯战呢。拖了不少时日，陈书天天表现得无所事事的样子，还好像要撤军的样子。可是，某一晚上，陈书突然命令夜攻。在夜色昏暗中，陈书亲自督阵夜战，用粗绳子攀登上城。当登上六十多人时，绳子突然断了，再也无法攀登。这时，我祖父陈书急中生智，迅速命令城下的士兵大声击鼓，并大声呐喊，呼声震天，这叫登上城头的六十多名士兵也大声响应。城内的守军半夜听到如此大的声响，吓得失魂落魄，连忙开出西门出逃。齐军花十分小的代价，取得了战斗的全胜。这对我的影响实在太深刻了。我后来大力倡言“诡道”，可以说，其源就在于此。

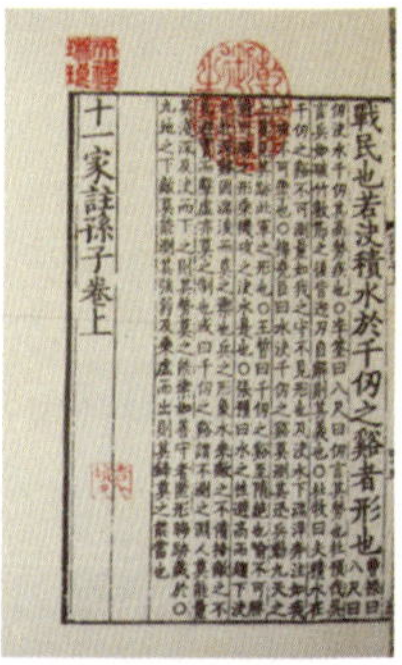

《十一家注孙子》书影（宋本）

《十一家注孙子》是孙子兵法的重要传本之一。一般认为它来源于《宋史·艺文志》著录的《十家孙子会注》，由吉天保辑。注家为：曹操、梁孟氏、李筌、贾林、杜佑、杜牧、陈皞、梅尧臣、王皙、何氏与张预。有学者认为可能刊于南宋孝宗年间，对《孙子兵法》校勘有重要价值。

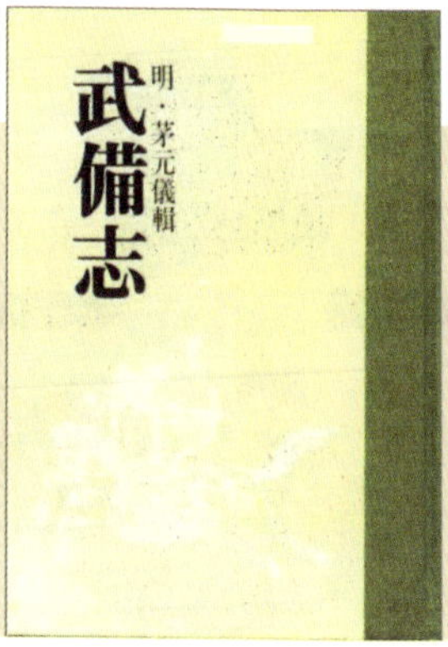

对“兵者，诡道也”这句话，大家都认为其妙无穷。不过，对这句话的诠释，却是见智见仁，说法种种。先生，依您所见，古今历史上谁的说法更贴近您的本意？

《武备志》书影

茅元仪，字止生，号石民，又署东海波臣、梦阁主人，明代大将。一生著述宏富，有《武备志》《督师纪略》《复辽砭语》等六十多种，对后世影响最为深远者，当首推《武备志》。书中对“兵者，诡道也”作了一番阐述，指出：“前孙子者，孙子不遗；后孙子者，不能遗孙子。”这段话很好地概括了《孙子兵法》在历史上的地位和意义。作为中国古代兵学宝库的一笔珍贵遗产，《孙子兵法》是不朽的。

孙子：你们这是给我出难题了，叫我说什么好呢？各家自有各家独特的见解和视角，何必强求一律呢？如果一定要我勉为其难的说说看法的话，我觉得还是魏武帝曹操说得简洁而实在。他说：“兵无常形，以诡诈为道。”（《孙子注》）曹操说的“兵无常形”的“形”，指的仍然是兵的数量、兵的品种和物质装备。由于作战双方的“无常形”，因此，要求在作战之“道”上，也就多变而诡异，不能强求一律。他这样作解，我觉得大致上是得体的。

《孙子略解》书影

曹操对《孙子》不但能熟练运用，而且大加赞赏，并为之作注。他说：“吾观兵书战策多矣，孙武所著深矣。”“审计重举，明画深图，不可相诬。而但世人未之深亮训说，况文烦富，行于世者，失其旨要，故撰为‘略解’焉。”（《孙子略解序》）由此可见，在曹操之前已有许多人对《孙子》进行“训说”，但其“文烦富”，“失其旨要”。曹操整理各家之说，作成简明的“略解”，其功不可没，开创整理注释《孙子兵法》十三篇的先河，丰富和发展了中国古代军事理论。

有本把《孙子兵法》应用于商业的书，提出了这样一个命题：“商者，诡道也。”提出这种命题，既是因为没有读懂《孙子兵法》的结果，又可以说是生搬硬套的典型，对此，您有何看法？

宋神宗像

宋代由于外患频仍，故《孙子》等兵法著作又受到高度重视。北宋元丰三年(1080年)，宋神宗为了武举试士的需要，从当时流传的二百多种兵书中选定了七部，“诏校定《孙子》《吴子》《六韬》《司马法》《三略》《尉缭子》《李卫公问对》等书，镂板行之”(《续资治通鉴长编》卷三〇三)，这就是北宋“钦定”的《武经七书》。

孙子： 如此生搬硬套，显然是错误的。我说“兵者，诡道也”这句话，是有特指的。我没有说过，战争的全部就是诡道。这句话是在阐述决定战争胜负的“五事”“七计”这一总战略观点以后说的：“计利以听，乃为之势，以佐其外。势者，因利而制权也。兵者，诡道也。”“诡道”是单就战场作战而言的。决定战争胜负的是在“五事”的基础上的七项敌我双方的对比，“多算胜，少算不胜，而况于无算乎！”“少算”“无算”，必然失败，“诡道”并不能改变其必然失败的命运。何况战争和商业绝不能等同的两码事，怎能说“商者，诡道也”呢？“诡道”就是欺诈，我在这里说的是在战场作战中对敌人进行欺诈，难道商业就是欺诈！难道商业要把顾客当作敌人看待！如此提出“商者，诡道也”是荒唐的。

《武经七书》书影（影印宋版，军事科学出版社出版）及《武经七书》书影（中华书局出版）

《武经七书》是中国古代北宋官修的一部军事著作。它由《孙子兵法》《吴子兵法》《六韬》《司马法》《三略》《尉缭子》《李卫公问对》七部著名兵书汇编而成。

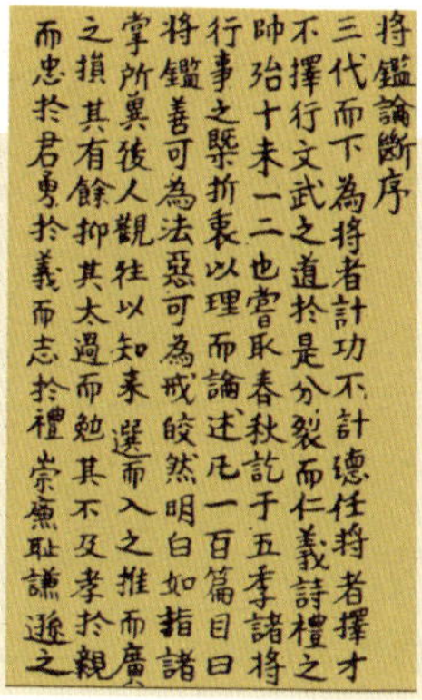

将鑑論斷序

三代而下為将者計功不計德任将者擇才不擇行文武之道於是分裂而仁義詩禮之帥殆十未一二也嘗取春秋訖于五季諸将行事之槩折衷以理而論述凡一百篇目曰将鑑善可為法惡可為戒皎然明白如指諸掌所異後人觀往以知來選而入之推而廣之損其有餘抑其太過而勉其不及孝於親而忠於君勇於義而志於禮崇廉恥讓遜之

《将鉴论断》书影

《将鉴论断》为戴溪撰，戴溪为南宋淳熙五年(1178年)进士，所著颇受时人称赞，为叶适所荐名贤。他称孙子十三篇“众家之说备矣”，“以水喻兵无常势，言之确切”，“微妙深密，千变万化而不可穷。用兵从之者胜，违之者败，虽有智者，必取则焉，可谓善之善者”。

曹操在读《孙子》的笔记中有“兵无常形”的提法。我们记得您在《虚实》篇中说的是“兵无常势，水无常形”，曹操说得似乎有点串了。他作注时，大概手头没有《孙武兵法》这本书的原件吧，不然他那样的大军事家、大谋略家怎么会把兵家经典读串了呢？

孙子：我觉得曹操不是把我的兵书读串了，而是读通了。真正的读通了。在我看来，“水无常形”和“兵无常形”是同一的。我不是明白无误地说了吗，“兵形像水”(《虚实》)既然这样，兵文化，实际上也就是水文化了。水多诡谲，变化无穷，兵也如此，两者是相通的。

文天祥像

文天祥，南宋名臣，文学家。深受孟子“威武不屈”思想影响，宁死不降，从容赴义，与陆秀夫、张世杰被称为“宋末三杰”。“人生自古谁无死？留取丹心照汗青”的豪言一直激励后人。

八一问孙子

自古以来，水为五行之首，在您心目中，水居重要位置，有学者认为，您的诸多兵家之言都是从水文化中吮吸到养料和得到启示的，可谓您的兵家之术取法于水，兵文化就是水文化。真是这样吗？

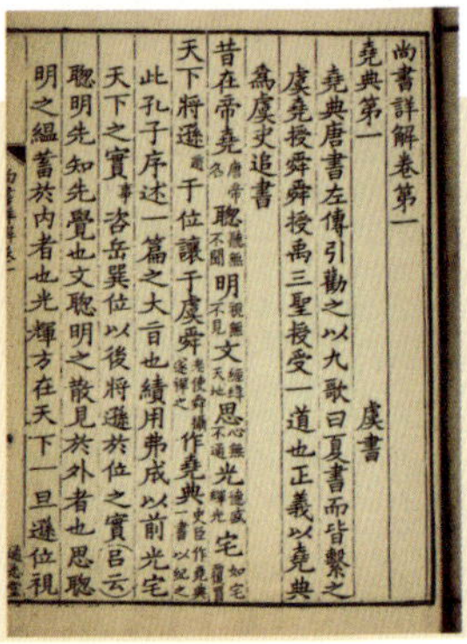
尚書詳解卷第一
虞書
堯典第一
堯典唐書左傳引勸之以九歌曰夏書而皆繫之
虞堯授舜舜授禹三聖授受一道也正義以堯典
爲虞史追書
昔在帝堯聰明文思光宅
天下將遜于位讓于虞舜作堯典
此孔子序述一篇之大旨也績用弗成以前光宅
天下之實咨岳巽位以後將遜於位之實（呂云
聰明先知先覺也文聰明之散見於外者也思聰
明之緼蓄於内者也光輝方在天下一旦遜位視

《尚书》书影

孙子：你们是说对了。我可以十分自信地告诉诸位，中国的古典文化都是师法自然的，这大自然中的金、木、水、火、土诸种要素中，中国人特别钟情于水文化。《尚书·洪范》就把“水”视为“五行”之首，水文化的特质是外柔内刚、寓刚于柔、以柔克刚。不只以我为代表的兵家崇尚水文化，就是其他学术流派也不同程度地崇尚水文化。中国古典诗歌的结集《诗经》中，以水喻人、喻德、喻情的更是不计其数。

我是兵家，我的兵家战略战术，全都是取法于水的。在我看来，兵之道，就是大自然中的水之道。在这方面，我说了很多，这里可以摘录数段，以飨读者。

“夫兵形像水，水之避高而趋下，兵之形，避实而击虚。水因地而制流，兵因敌而制胜。故兵无常势，水无常形。”（《虚实》）

“胜者之战民也，若决积水于千仞之溪者。”（《军形》）

“故善出奇者，无穷如天地，不竭如江流。”（《军形》）

“激水之疾，至于漂石者，势也。”（《兵势》）

“以水佐攻者，强。”（《火攻》）

好了，就举这么些吧！中华民族有句俗话：“三山六水一分田。”在人们的心目中，水是最广大最开阔的，也是变化无穷的，更是永恒的。我从“水”中寻找到了兵家的永恒之道，寻找到了兵家的奇妙之处。水对人们来说是最具魅力的，我从水中体察到了兵术的魅力。

“荀子论水”碑

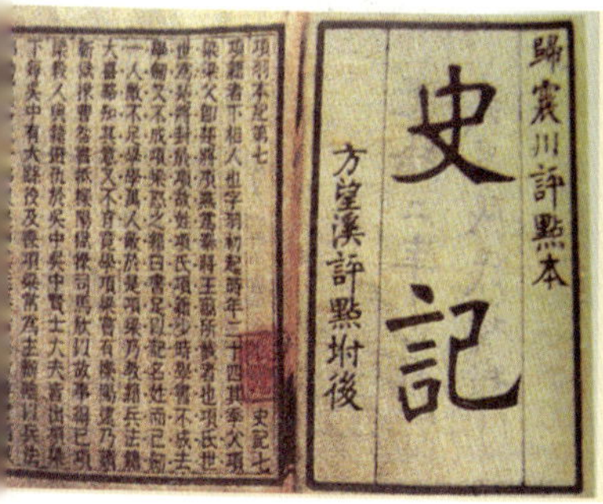

《史记》书影

这就使人难以理解了。战事的本性应该是“火”，人们都说是“战火”，而您孙武先生怎么偏偏以“水”喻兵呢？难道要改“战火”为“战水”了吗？

孙子：这就涉及怎么看待战争了。事情有现象，也有本质。战争的“火”性，只是它的外部表现，是它的外形，而内里的本质该是“水”性。老子也说过：“上善若水，水善利万物而不争。”意思是说，最高境界的善行就是像水的品性一样，泽被万物而不争名利。道家老子以水喻德，非常形象，我以水喻兵，也相当深刻，说“兵形像水”，充满了变化和制胜的哲学。水性“避高而趋下”，“避实而击虚”，“水因地而制流，兵因敌而制胜”。这都是从本质上加以刻画的。

“上善若水”

明初文学家宋濂为您抱不平，他非常推崇您的“诡道”之说。既然您认为兵道即诡道，诡道即水道，那么，把它们串在一起的共同点是什么？

孙子： 这正如曹操说的：“兵无常形，以诡诈为道。”把兵道、诡道、水道串连在一起的就是“无常”两个字。一位能干的将军，打了一千次大大小小的战争，每一次战争的方略、手段、途径都不可能是相同的。“故知兵者，动而不迷，举而不穷。”（《地形》）好的指挥者，他一直变动着自己的战略战术，但是，他从来不会迷乱。他的军事举措千变万化、无穷无尽，但只有他自己能体察到的“道”在。这种动而不居，这种变化无穷，不就是水的本性吗？西方哲学家有一句名言：“你不可能两次走进同一条河流。”因为随着时间的迁移，流水也在变着。在一个“变”字上，真是“兵形像水”啊！

宋濂像

宋濂，号潜溪，元末明初文学家，曾被明太祖朱元璋誉为“开国文臣之首”，学者称太史公。宋濂与高启、刘基并称为“明初诗文三大家”。著有《诸子辨》，他认为孙子为春秋末齐国人，对叶适的质疑进行驳斥说：“（孙武）齐人，吴阖闾用以为将，西破强楚，入郢，北威齐晋，显名诸侯。叶适以不见载于《左传》，疑其书乃春秋末、战国初山林处士之所为。予独不敢谓然”（《诸子辨》）。

我曾经说过：“战胜不复，而应形于无穷。”（《虚实》）即使是打了很多胜仗的将军，他的每一次胜仗的体验都是“不复”的，表现的形态也是趋于“无穷”的。

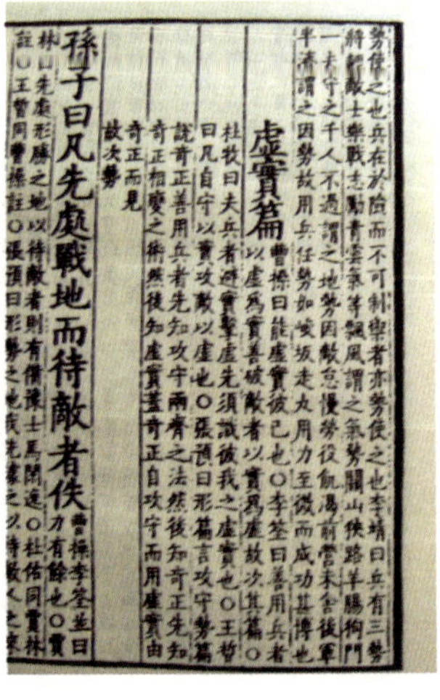

虛實篇

孫子曰凡先處戰地而待敵者佚

《孙子兵法·虚实篇》书影

该篇论述用兵作战须采用“避实而击虚”的方针。孙武指出，运用避实击虚的作战方针，要从分析敌情出发，要随着形势的变化，因为战争过程中的众寡、强弱、攻守、进退等关系处在急剧变化之中，“故兵无常势，水无常形，能因敌变化而取胜者谓之神”。

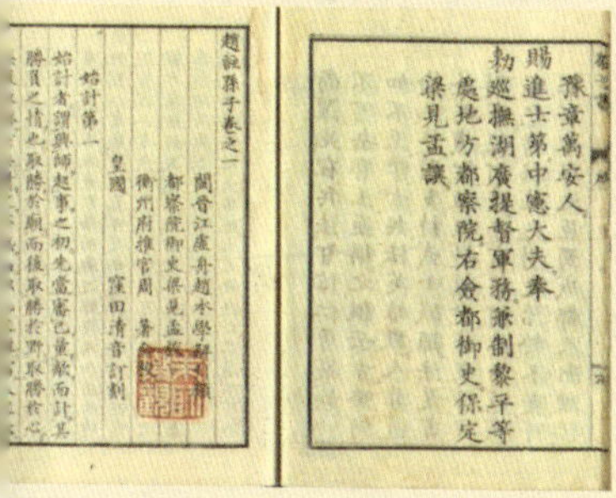
豫章萬安人
賜進士第中憲大夫奉
勅巡撫湖廣提督軍務兼制黎平等
處地方都察院右僉都御史保定
梁見孟識

趙注孫子卷之一
閩晉江虛舟趙本學
都察院御史梁見孟
衢州府推官周
始計第一
始計者謂興師起事之初先當審己量敵而計其
勝負之情也取勝於廟而後取勝於野取勝於心

赵本学《赵注孙子》书影

赵本学，明代军事家，隐居之士，为不使孙武以来的兵学思想失传，他选择了钻研军事治学的道路，写出了《韬钤内外篇》七卷和《赵注孙子》《孙子书》三卷，颇受后人重视。他说："古人著兵书凡四十余家，存者今有七。孙子十三篇，实权谋诡道之万变也。"(《孙子书校解引类·孙子书序》)

八 四问孙子

您说过："善战者，致人而不致于人。"(《虚实》)不少学者以为，您的这一思想，体现了兵道的精粹，诡道的精妙之处也正在于此。我们对此难以理解，请加以说明，好吗？

孙子："善战者，致人而不致于人"的"致"字作"招致"解，引申为调动。我说的意思是：一个善战的人，也就是懂得诡道的人，就在于能够调动敌人而不是被敌人所调动。调动敌人有许多方法和技巧，不被敌人调动也有许多方法和技巧，那不是每一个军事家都能办得到的。宋代的大学问家朱熹说："《孙子》千章万句，不出乎'致人而不致于人'而已。"朱熹是个文化人，亲自带兵作战的经验不会太多，但他难能可贵之处是真正读懂了我的书，读懂了诡道。诡道诡来诡去，千变万化，千头万绪，说到底，还不是为了牵着敌人的牛鼻子让他围着我打转？

南溪书院（朱熹出生地）

上面说的这个道理我们懂了，我们接下来想知道的是，能不能把诡道的具体运作方式说得具体一些？

汉武帝像

《孙子兵法》在汉代同样受到高度重视，而为用兵诸将所熟读。司马迁说："世俗所称师旅，皆道《孙子》十三篇。"（《史记·孙子传》赞）汉武帝曾教其爱将霍去病学"吴、孙兵法"（《汉书·霍去病传》）。

孙子： 太具体不可能，我还是那句话："战胜不复，而应形于无穷"，太具体的东西（譬如具体的战例之类）那是"不复"的，也是"无穷"的。但诡道既为"道"，那总是可以讲出若干道道来的，不然也就不成其为"道"了。

我在《计》篇中说了那么一段话：

"兵者，诡道也！故能而示之为不能，用而示之为不用，近而示之远，远而示之近，利而诱之，乱而取之，实而备之，强而避之，怒而挠之，卑而骄之，佚而劳之，亲而离之。"

这里一共讲了十条，可以称之为"诡道十法"吧！这是"不复"中的"有复"，兵家们变来变去，就是围绕这"诡道十法"打转。这也是"无穷"中的"有穷"，再精明能干的将军就是运这"诡道十法"于掌股之中而已。

孙子兵法城序殿

孙子兵法城里的八卦井

您这样一说，倒是吊起了我们的胃口，能否将这“诡道十法”一法一法地给我们剖析一下？

孙子： 好的。就先说诡道第一法吧。第一法可名之为“战力之诡”。我说“能而示之不能”，这里的“能”，指的是战斗实力。我方明明是很有战斗力的部队，但是，从诡术角度看，还是要表现得没多少战斗力的好。我在《军形》篇讲了在防守时要十分严密地隐蔽自己。这样藏而不露，至少可以麻痹敌人的神经，使对方产生轻敌情绪，最终给对方以出其不意的致命打击。

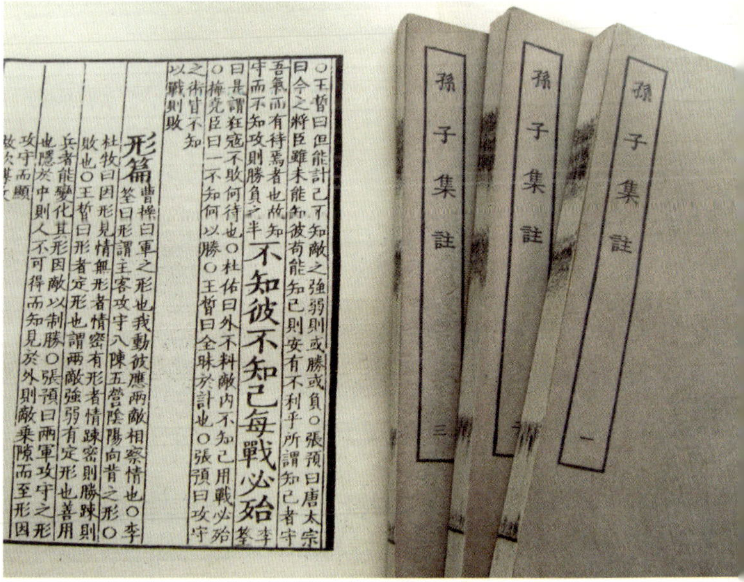

《孙子兵法·形篇》书影

该篇论述用兵作战要先为自己创造不被敌人战胜的条件，以等待敌人可以被我战胜的时机，使自己“立于不败之地”。孙武认为，要在作战中取胜，必须善于对待攻和守的问题。防守时要十分严密地隐蔽自己，进攻时要打得敌人措手不及。这样，就能达到“自保而全胜”的目的。

诡道之二是说“用而示之不用”，我们对本句中的那个“用”字读不懂，还请先生明示。

孙权像

孙权，字仲谋，三国时期吴国的开国皇帝，据说是兵法家孙武后裔。孙权与刘备联盟，并于赤壁击败曹操，天下三分局面初步形成。后称帝，建立吴国。他同三国时期的其他将领一样非常推崇和喜用《孙子兵法》的“诡道”之术，曾教其大将吕蒙、蒋钦“急读《孙子》”（《三国志·吕蒙传》）。

孙子： 这一法可名之为“战术之诡”。这个“用”字在不同的行文者那里，其实际意义是很不相同的。在兵家手里，“用”就是“用兵”，就是打仗。诡道之二是告诉战术家们，要学会把战术隐蔽起来。明明是马上要用兵了，表面上可以伪装成一派平静的样子。这在兵家是常用的。发生在我们这颗星球上的两次世界大战，不就是这样发生的吗？明明战火即将燃起，可对方还在跟你签订和平友好条约呢！对手是上当了，可从诡道角度看，这是一种作战手段。

孙子兵法城形篇殿

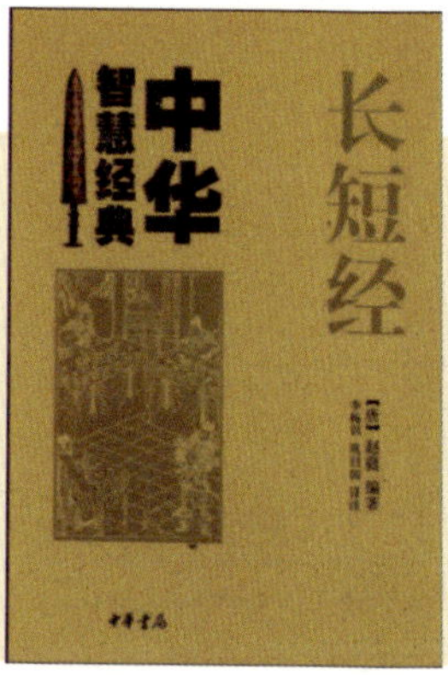

诡道之三是说“近而示之远，远而示之近”。读了这段文字后，我们感到这种诡术意在造成方位上的错觉，从而出奇制胜，是不是这样？

《长短经》书影（中华书局出版）

赵蕤，读百家书，博于韬略，长于经世。他视功名如粪土，视富贵如浮云。所以采取了退隐的处世态度。熟读《孙子兵法》，赞其“近而示之远”之诡，著有《长短经》等，无不以孙子之言作为其立论的根据。如《量才》篇引孙武曰：“主孰有道，将孰有能，吾以此知胜之谓矣”；《禁令》篇引孙子曰：“卒未亲附而罚之则不服，不服则难用也”。

孙子：这可以称之为“攻击目标之诡”。说这一诡术意在制造方位上的错觉，大致上是对的。但是，我要提醒的是，我这里说的“远”和“近”，不是指具体里程上的远近，其实我说的是一种声东击西方术。好像把兵力集结在“远”处，实际上主攻点却在“近”处。造成攻击目标的错位，然后给敌人以致命的一击。

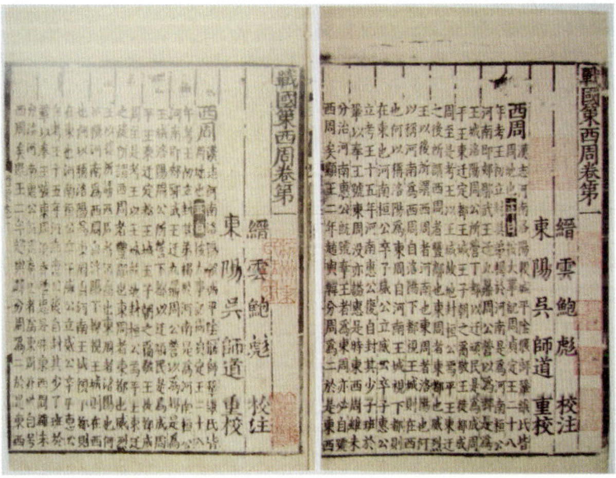
戰國策西周卷第一
縉雲鮑彪校注
東陽吳師道重校
西周

《战国策》（右为元至正刻本，左为明刻本）书影

《战国策》是一部国别体史著，又称《国策》。记载了西周、东周及秦、齐、楚、赵、魏、韩、燕、宋、卫、中山各国之事，策中有不少关于孙子及兵家的战略战术的记载。

诡道之四是说“利而诱之”。您在许多场合下都说，我们是为利而战，有“兵不顿而利可全，此谋攻之法也”（《谋攻》）之说，这里怎么又说从诡道角度看可以“利而诱之”呢？

《虎钤经》书影

许洞，科学家沈括的二舅。擅长武术，精于兵学，而且文才也很好。一生未受重用，著有《虎钤经》一书，在“自序”中称：“《孙子兵法》奥而精。”其《先胜》《使间》《诡敌》《远近》等篇，都详细阐发孙子之论，尤赞其“诱之以利”之术。

孙子：你提出这个问题，可以说是只知其一，不知其二。我用兵的最终目的是要“兵不顿而利可全”，“兵不顿”是说自己的兵士不受损失，就是最大程度地保护自己，获取最大的利益。我还说过：“兵以诈立，以利动。”（《军争》）其意是说，我们一切的诡诈，一切的动因，都是为了一个利字。但是，为了这个目的，从诡道角度看，有时也要给一点小利给对方。正如钓鱼要用鱼饵一样。鱼饵也是“利”，对鱼施舍饵食之利，正是为了消灭对方，获取自我的全利。正如我在《军争》中说的，这叫“迂其途而诱之以利”。这诡道之四可称之为“诱利之诡”。

刘邦像

刘邦，即汉高祖，在楚汉战争中打败西楚霸王项羽，成为汉朝（西汉）开国皇帝。有学者认为，正因为刘邦的谋士陈平巧用孙子离间计，救出了他，故刘邦尤喜用“间道”用兵。

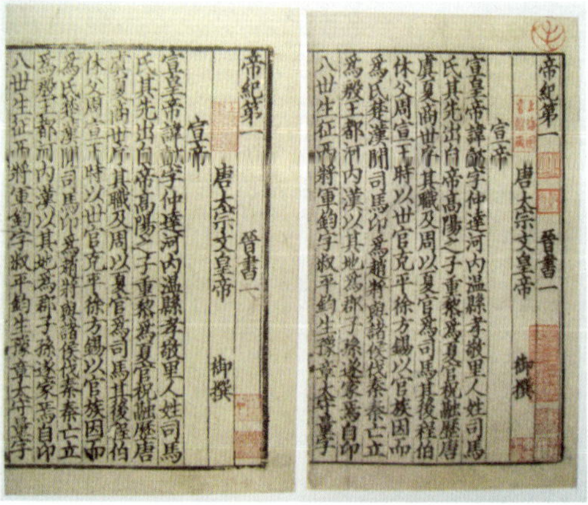
晉書一
帝紀第一 唐太宗文皇帝 御撰
宣帝
宣皇帝諱懿字仲達河內溫縣孝敬里人姓司馬氏其先出自帝高陽之子重黎為夏官祝融歷唐虞夏商世序其職及周以夏官為司馬其後程伯休父周宣王時以世官克平徐方錫以官族因而為氏楚漢間司馬卬為趙將與諸侯伐秦秦亡立為殷王都河內漢以其地為郡子孫遂家焉自卬八世生征西將軍鈞字叔平鈞生豫章太守量字

《晋书》（右为宋刻本，左为元刻本）书影

《晋书》为唐代房玄龄等人合著。记载的历史上起三国时期的司马懿早年，下至刘裕废晋帝自立，以宋代晋。书中有不少孙子及其兵家思想的记载。

诡道之五是说“乱而取之”。许多学者都理解为看到敌人阵脚乱了，就要赶紧进攻。这似乎没有什么“诡”在里面，先生，道理就那么简单吗？

辛弃疾雕像

辛弃疾，南宋词人，别号稼轩，一生力主抗金。在所撰《美芹十论》《九议》等文章中，运用孙子的“知彼知己”“先为不可胜”“避实击虚”“攻其无备，出其不意”“乱而取之”等战略思想和“视卒如爱子”等建军思想，提出许多抗金的策略和建议。

孙子：我觉得就是上面那种理解，也不算简单。在古代战争中宋襄公看到敌军阵脚乱了，谋士劝他赶快进攻，他说不行，让他们排好阵再攻不迟，最后是一败涂地。在军事上不愿“乘人之危”的人的确是有。但是，战争是残酷的，且战机稍纵即逝，不单要乘人之乱，还要造人之乱。用种种谋略让敌人内部不攻自乱。这诡道之五可名为“造乱之诡”。

刘子羽像

刘子羽，将门子弟。11岁随父亲、北宋名将刘韐过军旅生活。通读经史，后弃文习武，尤精孙武兵法，善用军事谋略，“乱而取之”，战功累累。因不附秦桧而被罢职。

诡道之六是说“实而备之”。现在几乎所有的注家都解释成对实力雄厚的敌人要戒备。这样解释我们觉得不太妥帖，如果是那样的意思，还用说吗？还说得上是“诡”吗？我们觉得您是另有深意在，是吗？

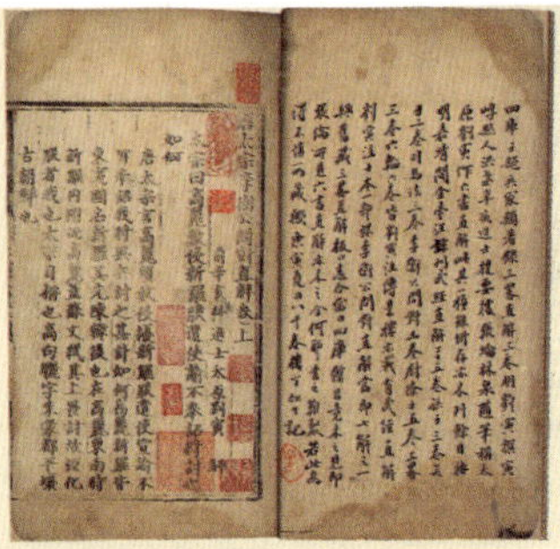

《唐太宗李卫公问对直解》书影

李世民指出：“孙武十三篇，无出虚实。”李靖认为：“兵法千章万句，不出乎‘致人而不致于人’而已。”这里所特别强调的是《孙子兵法》的制胜之道，把“避实击虚”，“实而备之”，掌握主动权看成是用兵艺术的精髓所在。

孙子：我把这一诡道称为“实力之诡”。这里说的实力，正像你们理解的那样，不是指敌人的实力，而是指自我的实力。战争是诡道，不错的。但是，这种诡道又是建立在实力的基础上的。战争最后还是要用实力说话的。这诡道的意思是说，不管遇到强悍之敌，还是懦弱之敌，都要做好充分的实力准备。这也是不打无准备之仗的意思。

孙子书院西门（孙子故园）

诡道之七是说“强而避之”。为了读懂这句话，我们翻阅了《谋攻》篇中的一段话：“用兵之法，十则围之，五则攻之，倍则分之，敌则能战之，少则能逃之，不若则能避之。”看来，“强而避之”是军力对比的六种情况中的一种应对之法，我们这样理解可以吗？

王安石像

王安石，北宋杰出的政治家、思想家、文学家、改革家，唐宋八大家之一。有《王临川集》《临川集拾遗》等存世。官至宰相，主张改革变法。他对孙武的“知彼知己”“强而避之”等战略战术极为推崇，认为：“孙武真兵圣！用孙武一二言，即可成功名矣！”（《涧泉日记》）

孙子：是的。其实，你还可以引下面一句，下面我说：“小敌之坚，大敌之擒也。”如果弱小的一方要坚持硬拼，其结果只能成为强大对手的俘虏。正是出于这样一种考虑，我才主张“少则能逃之，不若则能避之”的策略。请注意，我在“逃之”和“避之”的前面都加了个“能”字，说明这是一种主动的“逃”和“避”，是一种诡道。今天的“逃”和“避”，是为了明天的“追”和“击”。因此，这诡道之七可名为“避强之诡”。清初军事理论家揭暄著的《揭子战法》因讲了“避强之诡”，故又称《兵略》。

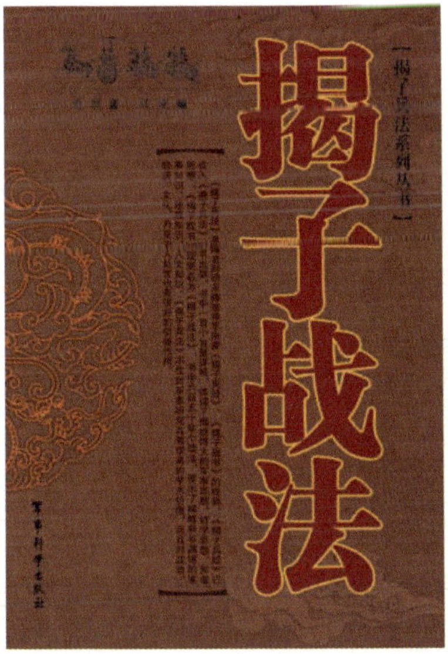

《揭子战法》书影（军事科学出版社出版）

揭暄，明末清初著名的军事理论家、天文学家和数学家。他最大的贡献当推其费尽心血的军事名著《揭子兵经》和《揭子战法》。其中《揭子兵经》分“智”“法”“术”三卷，计一百篇，亦称《兵经百篇》《兵经百言》《兵经百字》《揭子兵书》《兵法圆机》等。语言简练，有许多说法是承袭《孙子》而来的，大大丰富和发展了孙子的思想，是清代的一部重要兵书。

诡道之八是说“怒而挠之，卑而骄之”（《计》）。这八字诡道能不能名之为“情绪之诡”呢？因为先生这里施行的诡诈之计，其目的都是为了使其情绪失控，由此而导致行为的失控，最后使我方能轻而易举地战而胜之的。先生您说呢？

王世贞像

王世贞，明代文学家、史学家。“后七子”领袖之一。官刑部主事，累官至南京刑部尚书。好为古诗文，始于李攀龙主文盟，攀龙死，独主文坛二十年。有《弇山堂别集》《嘉靖以来首辅传》《觚不觚录》《弇州山人四部稿》等。他认为“卑而骄之”是治军之术，说：“《孙子》十三篇，其精切事理，吾以为太公不能过也”（王世贞《书孙武传后》）。

孙子： 这一“诡”我要挑拨的正是对方将帅的情绪。在我看来，在情绪上，兵家之大忌恰恰在“怒”和“骄”两字上。

我一再说，国君、将帅，都不可“怒”而出兵。一怒，情绪就会失控，战术就会偏异，最后为敌所利用，小则败军，大则亡国。我在《火攻》篇中说：“主不可以怒而兴师，将不可以愠而致战。……怒可以复喜，愠可以复悦，亡国不可以复存，死者不可以复生。”由此观之，国君之怒、将帅之愠，乃亡国之举、败军之为。当然，这里说的“不可以怒”“不可以愠”，是指的我方，对敌方来说，是要激其怒、引其愠，运用这样的诡道使之败亡，这就有了“怒而挠之”一策。所谓“挠”者，就是轻轻地在对方的要害处抓痒痒，进而使其恼怒。至于如何“挠”法，那就是自有奥妙、各有千秋了。

自古以来，贤主名将都十分热衷于以“怒而挠之”的诡道克敌制胜，而战争的另一方的有见地的将帅也会尽力“制怒”，保持一颗平常心，以争取战争的胜利。至于“卑而骄之”这里就不多说了。我在《孙子兵法》中多处说到了“骄兵必败”的道理。骄者昏昏，哪有不败的道理？

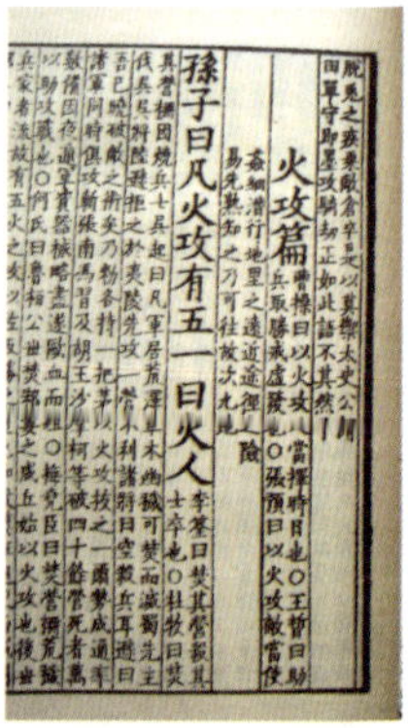
火攻篇
孫子曰凡火攻有五一曰火人

《孙子兵法·火攻篇》书影

该篇论述在战争中使用火攻的办法、条件和原则等问题。孙武认为，实施火攻必须和士兵的进攻互相配合，这样才能发挥火攻的作用，以达到夺取胜利的目的。

诡道之九是“佚而劳之”，您在《孙子兵法》一书中多次说到了这一诡道，我们也知道，所谓“佚”，指的是安逸、安定、平稳，而“劳”指的是军队的疲于奔命，军队的惶惶不可终日。这道理是能懂的，只不知如何才能做到“佚而劳之”？

沈括像

沈括，北宋科学家、改革家。精通天文、数学、物理学、化学、地质学、气象学、地理学、农学和医学，晚年以平生见闻，著有《梦溪笔谈》。他称道“佚而劳之”的治军原则，在论析孙子的“因粮于敌”的策略时，指出：“凡师行，‘因粮于敌’，最为急务”。他对“人负米”或“畜乘运之”进行了严密科学的计算，认为“运粮不但多费，而势难行远”，从而对孙子的这一战时后勤计谋，给了充分的肯定。

孙子：这个问题提得好，太好了。的确，问题不只在于提出问题，而在于解决问题。难就难在如何“迭而劳之”法。记得我在《虚实》篇中又重提了“佚而劳之”这一诡道，而且是说得较为具体了。我说：“故敌佚能劳之，饱能饥之，安能动之。出其所不趋，趋其所不意。行千里而不劳者，行于无人之地也。攻其必取者，攻其所不守也。守而必固者，守其所不攻也。故善攻者，敌不知其所守，善守者，敌不知其所攻。”这是一段比较完整的论述“佚而劳之”的论述。敌人原先粮草充沛，是处于“佚”的状态下，可是，我在紧要关头切断他的粮草，使之“饱能饥之”，而要保护粮草，或寻找新的粮草源，就要“劳之”了。原先敌方阵地很安稳，也很平安，处于“佚”的状态下，但是，如果我方时不时地干扰他一下，干扰过后又走了，使之时时不得安宁，这就叫做“安能动之”。原先敌人以为你要走他设定的比较好走的道路，可是，你偏偏是“行于无人之地”，他要赶过来消灭你，没那么容易，至少也得“佚而劳之”了。几次折腾下来，还不把敌人折腾垮了？我在《军争》篇中还说到要“侵扰如火”，时不时地侵扰一下敌方，使敌人时时感到如同坐在火炉上一样的日子不好过，这是这一招术的厉害之处。

孙子兵法城虚实篇殿

诡道之十，说的是“亲而离之”，这是不是说要离间敌人的内部，使之分崩离析？

苏洵像

苏洵，北宋文学家，与其子苏轼、苏辙合称“三苏”，均被列入“唐宋八大家”。苏洵长于散文，尤擅政论，议论明畅，笔势雄健，有《嘉祐集》传世。他认为孙子“亲而离之”术实为诡道，说：“《孙子兵法》其书，论奇权机密，出入鬼神，自古以兵著书者罕所及，天下之兵说皆归其中矣！”（苏洵《孙武论》）

孙子：当然是的，这是十分重要的一招，也是古今兵家必用的所谓“毒招”。我一再强调，“上下同欲者胜”（《谋攻》），这不论是敌方还是我方，都是一样的。因此，我们为了克敌制胜，就一定要离间敌人。堡垒是最容易从内部攻破的，我们要学会“亲而离之”之术。当然，要敌人内部产生出种种缝隙来，或者说，敌人内部有了缝隙后我们能及时地发现它，也不容易，要做许多细致入微的工作，其中有一条就是要了解敌人的内情，尤其是人际关系的内情。

我在《孙子兵法·用间篇》中说道：“人所欲杀，必先知其守将、左右、谒者、门者、舍人之姓名，令吾间必索知之。”看，了解敌情要到连看门人的情况都了如指掌的地步，要知道，有时，一个敌方的看门人的作用胜于一个上将军呢！为了十分细致地了解敌情，还不惜派出优秀的间谍，以刺探军情。这是离间敌人的必要一步。

“亲而离之”的目标最好是使敌军中的主要将领之间产生不和，从而出现兵策上的混乱。“大吏怒而不服，遇敌怼而自战”（《孙子兵法·地形篇》）。“大吏”者，主将的主要助手也。主要助手不服从指挥，那对敌人来说是最要命的事情，也是我方最为舒心的事。这不只是对敌人进行战斗，而且能让敌人内部“自战”！我再说一句，这是一种诡道目标，要真正实施，实在不容易啊！

读完您的“诡道十法”，深感其中充斥着中国古典辩证思维，记得清代的魏源说：“夫经之《易》也，子之《老》也，兵家之《孙》也，期间道明万有，其心皆照宇宙，其术皆合天人，终常变者也”（《古微堂外集·孙子集注序》）。倒不是故意捧您老人家，在辩证思维的经世致用这点上，您是比《易》《老》有过之而无不及的。您自己以为呢?

孙子：言重了，言重了，我怎么可以与《易》《老》相提并论呢？当然，如果说我的整个兵学中贯穿着“常变”思想，那倒是对的。在我的兵学中，有以变应不变的，也有以变应变的。回过头来又要说到水文化了。“兵无常势，水无常形”，这本身就是在演绎一个“变”字。我这里说的“诡道十法”，只是一种提示，而不是硬邦邦的教条，这十法离开了一个“变”字，也就没有生命力了。

陶汉章像

陶汉章，出身于书香世家，1933年在吉鸿昌领导的抗日同盟军司令部当参谋，1933年参加中国工农红军，1955年被授予少将军衔，荣获多项荣誉，平生著述颇丰，约有一百余万字。对《孙子兵法》种种“诡道”之法极力推崇。

《孙子兵法概论》书影（解放军出版社出版）

陶汉章在《孙子兵法概论》书中认为《孙子兵法》贯穿一个“常变”思想，说：“孙子在2 500多年前，就提出了一个与现时世界上统称的‘综合国力论’相似的理论——全面战略理论，实为难能可贵，不愧为‘兵法之父’”。

与“常变”两字相联系的是“微妙”两字。“常变”不只是说变数之大，还是一种永无止境之变，同时也强调了变的突兀性，常常表现为出其不意的变，令人惊骇的变，因此在人们看来您设计的战略、战术、战局都是妙不可言的，都是十分微妙的，具有神奇色彩的。对此，请您发表一点高论，好吗？

钮先钟像

钮先钟，西方战略研究学者，以西方战略诠译孙子兵法，并为其研究提供了新的方向。撰写了《孙子三论》，从一个全新角度，分析孙子兵法，令人大开眼界。《孙子三论》分为“原论”：对原文作冷静研究；“校论”：和先秦兵书及西方战略的比较；“新论”：新观点及新启示。他认为“常变中出神奇”，并指出：“孙子的研究不应仅以过去为范围，而必须向未来延伸”。

孙子：可以的。变是一种自然之变，符合造化的鬼斧神工之变，因此，一旦人掌握了这种变术，就会呈现出一种无比微妙、无比神奇的态势。我在《虚实》篇中说：“微乎微乎，至于无形。神乎神乎，至于无声。故能为敌之司命。进而不可御者，冲去虚也。退而不可追者，速而不可及也。”这段话翻译成通俗的话是：微妙啊，非常的微妙！微妙到看不到踪迹形影。神奇啊，太神奇了！神奇到听不到声息。事实上我成了敌人的发号施令者。当我进攻的时候，敌人是怎么也抵御不了的，因为我是在袭击敌人虚弱的软肋。我要撤退的时候，行动迅捷得敌人怎么也追击不上。这种微妙，这种神异，完全是因为我掌握了战争历程中虚与实、攻与守、形与势、众与寡、迂与直、利与弊之间的辩证关系的缘故。

李纲像

李纲，宋代名臣。宋钦宗时，授兵部侍郎、尚书右丞。好兵法，主抗战。多次上疏，陈抗金大计，均未被采纳。后抑郁而死。著有《梁溪先生文集》等。像载《三才图会》，明万历刻本。

与"常变"有密切关系的是，您还致力于"奇正"这一范畴的深究。这方面您说过的话很多，最让人动心的这么几句话："三军之众，可使必受敌而无败者，奇正是也。""奇正相生，如环之无端，孰能穷之?"(《孙子兵法·兵势》)"奇正"是怎么回事，您能给我们一个简单明了的解答吗?

吴如嵩像

吴如嵩，博士生导师，中国孙子兵法研究会副会长。著有《孙子兵法新说》，他说："《孙子》第一篇论述的就是数学问题。《计篇》的'计'，就是计算，通过数学分析制定出战略决策。据《六韬》记载，早在先秦时代军队中就设有'法算''会计'等从事计算的专业人员。"

孙子：对我的"奇正"之论，历代注家都极感兴趣，而答案又似乎并不太相同。曹操说："正者当敌，奇兵从旁，击不备也。"尉缭子说："正兵贵先，奇兵贵后。"梅尧臣的解释是："动为奇，静为正。"还有兵家说："兵体万变，无不是正，无不是奇。"我看了这些注家释言以后，感到是把我原来很简单明了的道理复杂化了。"奇正"这个道理放在《兵势》篇中，指的是一种指挥艺术。"奇"指的是异常的、出人意料的；而"正"指的是正规的、寻常的。这也就是说，凡是战斗，必须常作"奇""正"两项的准备和变化。一面用正兵对阵，一面用奇兵取胜。这就是我倡导的指挥艺术中的两手。

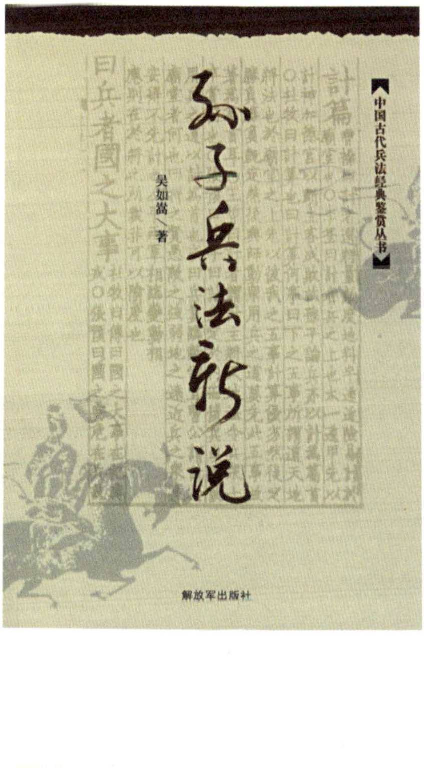

《孙子兵法新说》书影（解放军出版社出版）

吴如嵩在《孙子兵法新说》一书认为孙子的"奇正"之论是兵法之精义。他说："淘尽尘沙始到金，'柔武'二字就是中国古典战略的精义之所在。"

一般情况下，应该说是“正奇”。对此，张居正在《孙武子直解》有详解。但您在所有论述中都是提“奇正”，这是否别有深意？

张居正像

张居正，号太岳，明代政治家，改革家。中国历史上的名臣，他认为，由“直解”而知“七书诡道之意，融会贯通而求知夫用兵之术，于以登坛号令，附国家元功，为旷世良将，讵弗伟哉”（张居正增订《孙武子直解》）。

孙子：你们是猜度对了。我的辩证观念是：既然事物处于常变之中，既然“兵形如水”，那么“正”只能是相对的，而“奇”却是绝对的。我的“诡道十法”那只是“正”而已，你们要是谁照搬这“十法”去行军打仗，那一定不会有什么好结果的。“无穷如天地，不竭如江河”的常变才是“奇”。依据我的“诡道十法”去自己点化，在实际中探求“微乎微乎，神乎神乎”的道理，那样的兵家才是真正有出息的大家。

这里，常使人们想到了中国历史上最具典型意义的“空城计”一案。据说，司马懿打上门来，诸葛亮手中无兵，有的只是空城一座。怎么办？是束手就擒吗？诸葛亮不愧是军事大家，他决定出奇制胜，摆起了“空城军”，安坐城头等司马懿的到来。看来，他是读懂了这个“奇”字。如果司马懿也读懂了这个“奇”字，那诸葛亮非得成为阶下囚不可。可惜他没读懂。司马懿的大军开到城下，看到城门大开，他儿子说诸葛亮这小子穷途末路了，没戏！可是，司马懿斥责儿子，说：“诸葛亮一生谨慎，不可造次！”命令撤兵，结果上了大当。归根到底，他还没懂得奇正之道。要弄懂军事辩证法，不易啊，看连司马懿还会上大当、吃大亏呢，何况一般人！

“虚实篇”匾额

第五章 上智为间

若问运用间谍手段于军事的第一人是谁，怕不是所有人都能答得上的吧！这里，我们可以明白无误地告诉你，在中国，也是在世界上，第一个用"间"的不是别人，正是孙武其人。他是世所公认的最早将军事情报提到战略高度来认识的军事家。孙武专门著有《用间篇》，篇中把"间"分为乡间、内间、反间、死间、生间五大类，基本上涵盖了获取军事情报手段的方方面面。"无所不用其间"，通过这些"间"的频频活动，为战争的胜利创造不可或缺的有利条件。

一〇〇问孙子

我们仔细读了您的全部著作，发现您的军事思想各个部分是相互贯通的。就拿“间”的动因来说，应该是“不战而屈人之兵”这一战略思想的最重要的具体实施手段之一，您认为我们这样理解可以吗？

方孝孺像

方孝孺，号逊志，明代大臣、著名学者、文学家、散文家、思想家。在“靖难之役”期间，拒绝为篡位的燕王朱棣草拟即位诏书，刚直不屈，孤忠赴难，被诛十族。他赞赏孙子“百战百性，非善之善者”之言，还说：“十三篇之所论，先计谋而后攻战，先知而后料敌，用兵之事周备明白”（《逊志斋集・杂著・读孙子》）。

孙子： 这是事实。我一再说了这样的话：“百战百胜，非善之善者也。”（《孙武兵法・谋攻篇》）因为，如果以惨重的代价换来的“百战百胜”，那无论对国家来说，还是对伤亡士兵的家属来说都说不上是“善之善者”。真正的“善之善者”，是“屈人之兵而非战也，拔人之城而非攻也”，既“非战”，又“非攻”，当然就不会有伤亡，也不会有国家大宗财物的消耗。宋人在《唐鉴》等图书多有论述。要达到这样的目的，就非得开辟血淋淋的战斗之外的“第二战场”。这“第二战场”就是派遣间谍打入敌人内部，通过在敌人心脏里的诡秘的战斗，刺探情报，最后战而胜之。

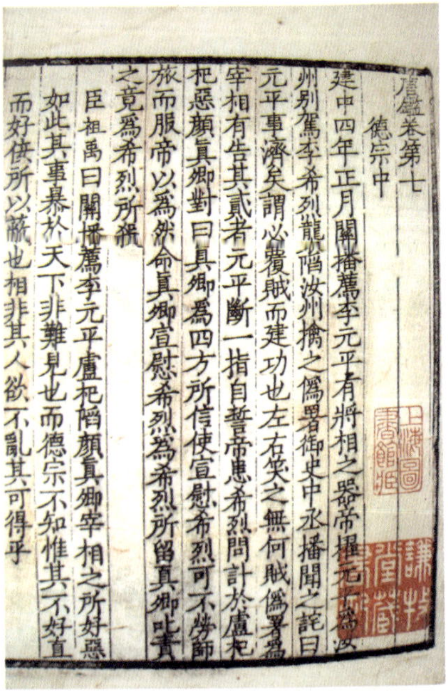
唐鑑卷第七

德宗中

建中四年正月關播薦李元平有將相之器帝擢元平為汝州別駕李希烈襲陷汝州擒之偽署御史中丞播聞之詫曰元平事濟矣謂必覆賊而建功也左右笑之無何賊偽署為宰相有告其貳者元平斷一指自誓帝患希烈問計於盧杞杞惡顏真卿對曰真卿為四方所信使宣慰希烈可不勞師旅而服帝以為然命真卿宣慰希烈為希烈所留真卿叱責之竟為希烈所殺

臣祖禹曰關播薦李元平盧杞陷顏真卿宰相之所好惡如此其事暴於天下非難見也而德宗不知惟其不好直而好佞所以蔽也相非其人欲不亂其可得乎

《唐鉴》书影（宋刻本，现存上海图书馆）

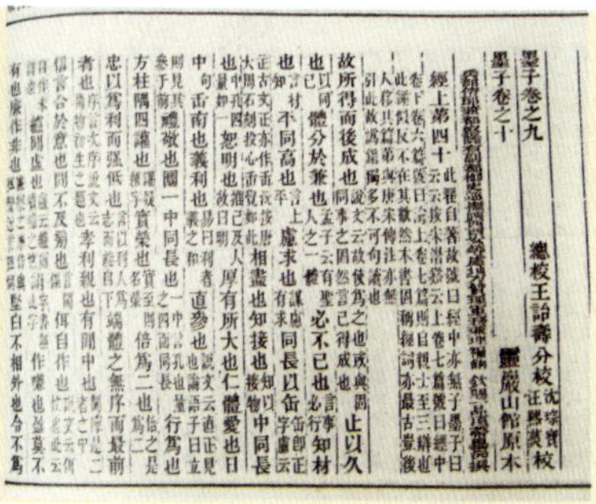

《墨子·经上》书影

您说到“间”这个概念，我们读过先秦诸子作品的人，似乎没在其他人的作品中提到过，它是否是您独家创造的一个新概念？

孙子：说不是也可说不是，说是也可以说是。“间”这个词是我们的祖宗发明的，一直使用着，它最基本的意思是空隙、缝隙。《墨子·经上》有“有间，中也”的说法，这当是最古老的用法。后来，把“中也”，与人的某种行为结合起来加以分析，就把钻中缝、钻空子，乘机而为的人，称为“间”。在《国语·吴语》中就有这样的话：“夫越王之不忘败吴，于其心也俄然，服士以伺我间。”这“服”在那里的“士”，就是打入敌营的间谍，目的就为了钻对方的空子，因此被称为“间”。我则比原先的概念是大大进了一步，把军事学上专门从事地下活动、打入敌垒搞阴谋活动的人，称为“间”。后来，为了明白易懂些，就直白地称为“间谍”了。

《国语》书影

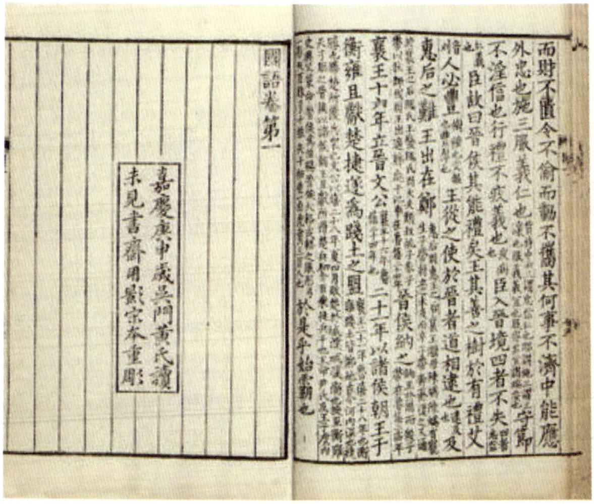

您的许多战略原则似乎都与您的家学渊源有关，请问：在用“间”这一点上您的祖上也曾用过吗？

孙子：的确，在“用间”上，我的祖上也是很有心得的。经过一段时间的角逐，齐国成了田（陈）、庆、栾、高、鲍几大家专政的局面，而齐公倒被架空了。为了在这场你死我活的斗争中能取胜，我曾祖父陈无宇就与栾、高、鲍三家结盟，对付庆家。当时的庆家还相当有势力，如果来硬的，少不得双方都会有伤亡。我曾祖父陈无宇就使那个多才多艺的养马人为“间”，打进庆氏家族中。他化装成是一个很有才华的小丑，博得了庆氏的欢心，也麻痹了他的甲士。最后乘其不备解决了这个庆氏。从此，田氏的势力日益壮大。后来我书写《兵法》时，“用间”专写了一篇，并作为十三篇的压轴篇章，可见我对“间”的重视。

《梅国桢集》书影

梅国桢，明代官员。他督将士奋力征讨，并用离间计，使敌军内乱，因功被提升为太仆少卿，著有《梅司马遗文》《燕台集》《性理格言》等，与李贽友善，曾为《藏书》作序。他认为：“孙子之言曰：奇正之变，不可胜穷也；又曰：微乎微乎，至于无形，神乎神乎，至于无声。合而言之，思过半矣。”（《孙子参同·序》）这里梅氏是把“奇正之变”和“因敌制胜”看成是《孙子兵法》的要旨妙道。

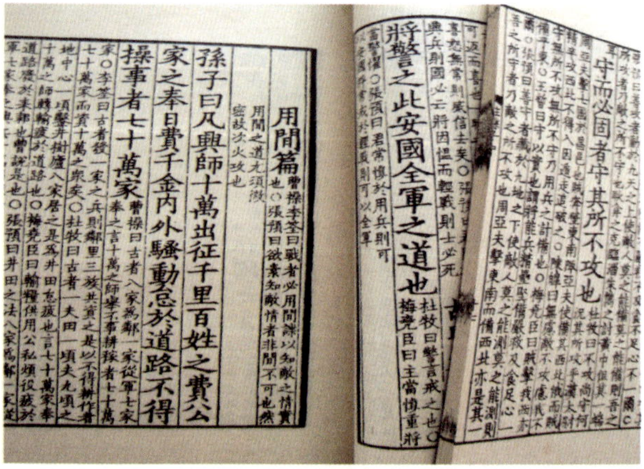
守而必固者守其所不攻也
將警之此安國全軍之道也
用間篇
孫子曰凡興師十萬出征千里百姓之費公家之奉日費千金內外騷動怠於道路不得操事者七十萬家

《孙子兵法·用间篇》书影

该篇论述使用间谍侦察敌情在作战中的重要意义，并论述了间谍的种类和使用间谍的方法。孙武十分重视间谍的作用，认为它是作战取胜的一个关键，军队依靠间谍提供的情报而采取行动。孙武认为，从反间得来的情报最重要。因此，要特别重视反间，给予反间的待遇应该特别优厚。

我们觉得，间谍和间谍战的发明，似乎是直接服务于“知彼知己，百战不殆；不知彼而知己，一胜一负；不知彼不知己，每战必殆”（《孙子兵法·谋攻篇》）这样一个战略原则的，是不是这样？

宋高宗像

在选拔军事人才的武举考试中，宋代都要加试《孙子兵法》的理论。立《大小使臣试弓马艺业出官法》规定：“孙、吴义十通七”者为“第一等”。绍兴二十六年(1156年)宋高宗赵构下诏：“凡武学生，习《七书》兵法、步骑射。”(《宋史·选举志》)所谓《七书》，其中《孙子兵法》是第一位的。

孙子： 我说了三种情况，同时也会造成三种结果。第一种情况是既知彼又知己，那样的话每战必然无大的损害。第二种情况是不知彼而知己，那样只可能“一胜一负”——胜负的概率各占百分之五十。第三种情况是既不知彼也不知己，结果可想而知，那只能是每战都出现很大的危机和损害。我的兵术力求做到“知彼知己”，争取“百战不殆”，用“间”意在通过“知彼”，最后达到胜彼的目的。

《王临川集》

宋代许多著名的政治家、军事家，对孙子的军事理论十分赞赏，尤好“知己知彼”的用间之说，并在实践中运用它。王安石说：“孙武谈兵，言理而不言事，所以文约而所赅者博。”(《王临川集》)其时宋神宗论及韩信，王安石又说：“(韩)信但用孙武一两言，即能成功名。”由此可见，王安石对孙武理论的推崇。

读上面这段文字，我们发现您与一般社会上的叙说方式不同，一般总是说“知己知彼”，而您是倒过来说“知彼知己”，您所说的三种情况都把“知彼”放在第一位。这与您的用“间”思想有关联吗？

沧浪阁（严羽居所）

严羽，南宋诗论家、诗人。他与同宗严仁、严参齐名，号“三严”；又与严肃、严参等八人，均有诗名，号“九严”。其著《沧浪诗话》历来被认为是最中肯的文学评论之作，对孙子“知己知彼”说也作评述，认为：“少陵（杜甫）诗法如孙武”。

孙子：当然是有关联的。在我看来，打好战争，关键在于“先知”，如何取得先知呢？搞迷信的人相信鬼神，有的人是从种种现象着手思考战略战术，而我不同，我认为：“先知者，不可取于鬼神，不可象于事，不可验于度，必取于人，而知敌之情者也。”（《孙武兵法 · 用间篇》）还是要靠人，靠“知敌之情”的人，为了“知敌之情”，我就专门致力于培养一种特殊军事人才——间谍。“间”这种军事职业是专为知彼而产生的。

孙子兵法城用间篇殿

您对间谍问题想得很细、很透，把间谍人员分成乡间、内间、反间、死间等若干类，基本上涵盖了间谍的各种门类。能不能分门别类地给我们作些解说？可以的话，先请给我们说说“乡间”吧！

蒋百里像

蒋百里，字百里，名方震，早年留学德国，回国先后任保定陆军军官学校校长及代理陆军大学校长。他甚赞《孙子兵法》，因在军事理论上的造诣而被称为“兵学泰斗”。蒋百里的军事论著《国防论》是民国时期著名的军事理论著作，被称为“中国国防论之始祖”。

孙子：好，先说“乡间”。这话其实很直白，就是我下面解释的，“乡间者，因其乡人而用之”。要物色对方主要将帅的同乡人，打入敌营，从事间谍活动。我国人民是乡土观念极重的，有道是：“老乡见老乡，两眼泪汪汪。”同乡之谊是最有共同语言的。我正是利用我们民族的这样一种情感，发展间谍的。但是，用此“乡间”都是充满着生死之危，要有极大的勇气。后人蜀汉丞相诸葛忠武侯对于我的用间之术有诸多精到的论述。

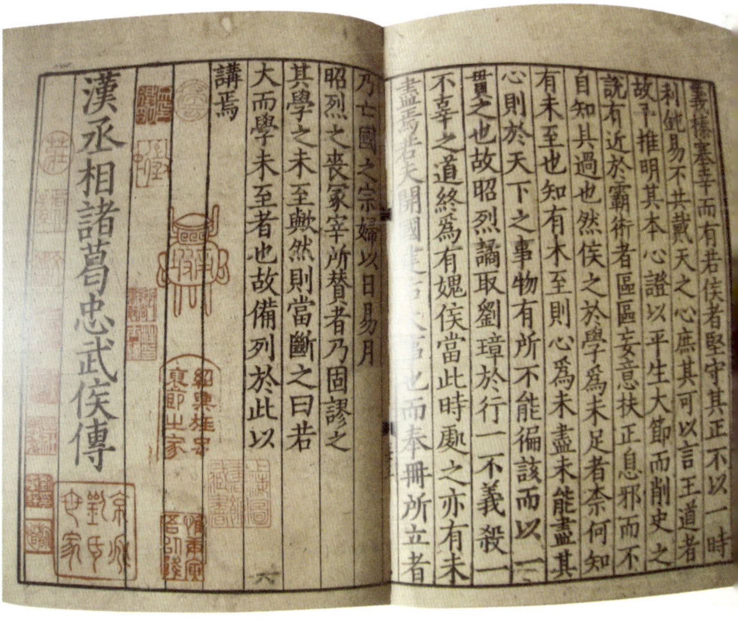
義榛塞辛而有若侯者堅守其正不以一時
利鈍易不共戴天之心庶其可以言王道者
故予推明其本心諡以平生大節而削史之
說有近於霸術者區區妄意扶正息邪而不
自知其過也然侯之於學爲未足者柰何知
有未至也知有未至則心爲未盡未能盡其
心則於天下之事物有所不能徧該而以一
貫之也故昭烈譎取劉璋於行一不義殺一
不辜之道終爲有媿侯當此時處之亦有未
盡焉若夫開國[illegible]也而奉冊所立者
乃亡國之宗婦以日易月
昭烈之喪家宰所贊者乃固謬之
其學之未至歟然則當斷之曰若
大而學未至者也故備列於此以
講焉

漢丞相諸葛忠武侯傳

《汉丞相诸葛忠武侯传》书影

（宋刻本，现存上海图书馆）

一〇六问孙子

在《孙子兵法》的《军争》篇和《九地》篇中，您两次说到“不用乡导者，不能得地利”。一般学者都把“乡导”释成是“当地人充当向导”。学了您的间谍理论后，感到不太对了，这里说的“乡导”可能也是指“乡间”，对吗？

孙子：您说得正合吾意。在战争中要攻城略地，就必须了解那里的地形地貌。这对我方人员来说是困难的，当地人当然在这方面有着明显的优势。如果“乡间”在地形地貌上“导”一下，那场仗就要好打得多了。因是观之，“乡导”者，即“乡间”也。在《太平御览》有关兵法之论述多涉孙子“用间”之说。

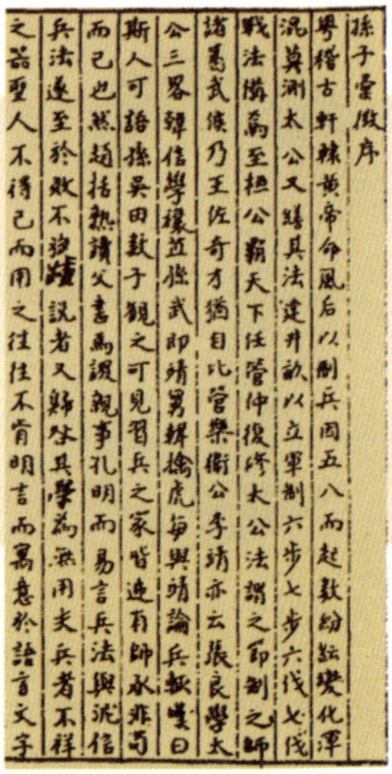
孫子彙徵序
粤稽古軒轅黃帝命風后以刪兵問五八而起數紛紜變化渾
沌莫測太公又韜兵法建井畝以立軍制六步七步六伐七伐
戰法備焉至桓公霸天下任管仲復修太公法謂之節制之師
諸葛武侯乃王佐奇才猶自比管樂衛公李靖亦云張良學太
公三略韓信學穰苴孫武即靖男耕擒虎每與靖論兵輒嘆曰
斯人可語孫吳田數子觀之可見習兵之家皆遠有師承非苟
而已也然趙括熟讀父書爲誤覩事孔明而易言兵法與泥信
兵法遂至於敗不識讀者又鄙於兵學爲無用夫兵者不祥
之器聖人不得已而用之往往不肯明言而寓意於語言文字

《孙子汇徵》书影

郑端，顺治十六年(1695年)进士，著有《日知堂文集》(六卷)、《孙子汇徵》等，他认为孙子的“用间”之术实为天下之倡，说：“古今谈兵之雄者，首推孙子。盖孙子能推黄帝太公之意。”(《孙子汇徵·自序》)

《太平御览》书影（上海古籍出版社出版）

诸葛亮著有《兵法》。其中有不少是申述和发挥《孙子兵法》的用间之术。《太平御览》卷三一三引诸葛亮《兵法》曰：“山陵之战，不仰其高；水上之战，不逆其流。”这两句显然是从《孙子兵法·军争篇》的“高陵勿向”和《孙子兵法·行军篇》的“无迎水流”演化来的。

梅尧臣像

梅尧臣，世称宛陵先生，北宋著名现实主义诗人。五十岁后，始得宋仁宗召试，赐同进士出身，为太常博士。以欧阳修荐，为国子监直讲，累迁尚书都官员外郎，故世称“梅直讲”，曾参与编撰《新唐书》，并为《孙子兵法》作注，对“用间”之说尤详，所注为孙子十家著（或十一家著）之一。

我们都知道，堡垒是最容易从内部攻破的，内间的作用就是从敌方内部把壁垒挖空，然后里外配合给以敌方致命一击。再请您谈谈“内间”吧。“内间”这个词在现代军事学上被普遍运用，而且还有泛化之势，请给我们讲得清楚些，行吗？

孙子： 我在《用间》一文中说道：“内间者，因其官人而用之。”就是利用敌国的官员，做我方的间谍。这种为我所用的敌方官员大致上有两种情况：

一种情况是，原先是我方的人员，经过周密的训练后，通过一定的渠道打入敌营，长期潜伏下来。平时也少有动作，甚至还做过一些为虎作伥的事，以至得到敌方首领的赏识，地位也会节节攀升。但是，到了时机成熟时，就会给敌方以致命的一击。

另一种情况是，在敌我双方的交往接触中，我方发现敌方某人或某些人有私心杂念，或某敌方官员与他的上司之间有某种矛盾，于是，我方人员抓住机遇竭尽分化、利诱、拉拢之能事，晓之以大义，诱之以厚利，最后促其加入我方的情报人员行列，为我提供谍报。

不论是哪一种情况，内间都是最危险的，作用都是最大的。作为交战双方，都有可能向对方派遣或在对方内部寻找内间。对我方来说，一是要严其壁垒，防止对方内间的打入。同时也要巧妙地把自己的内间安插到敌方最机要的部门中去，从而达到在刀兵相见的战场起不到的作用。这也可以减少大量的兵器损失和人员伤亡。

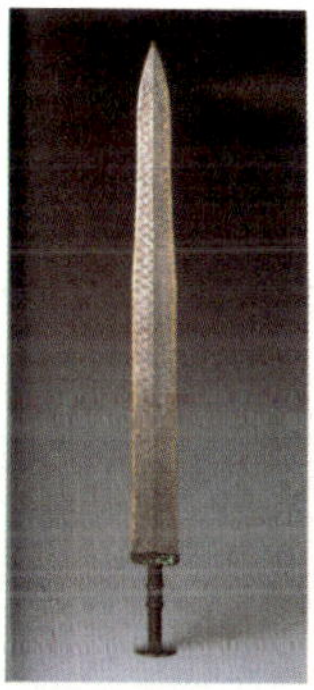

上图为东周时铜剑，下图为商晚期曲内戈及箭头

在楚汉之争中，项羽带领的楚军靠着足智多谋的范增，在势力上大大压倒了以刘邦为首的汉军。怎么办呢？刘邦的军师陈平想出了一条内间计，就是通过派出内间去离间项、范之间的关系。这是通过内间获得成功的典型事例，能说是您“内间”计的胜利吗？

刘邦像

孙子：对我后世的事，难以评说，但后人都认为刘邦之胜很大程度上是离间计的胜利。当时，陈平他们派出一员内间进入项羽营地，这员内间把一封伪造的信和一些名贵的药物送给范增。这封假信说：自己是范增的侄子范式，现在刘邦的部下任谋士，得到刘邦的信任，并大大称赞刘邦豁达大度，是位仁德贤主，说在那里办事，如鱼得水，请范增这位叔父放心。这封信不直接送到范增那里，而是故意送到了军营守门人手中。那守门人以为是什么重要的情报，就送给了项羽。项羽本是个多疑的人，一听此说，顿时疑窦顿起，从此以后，就疏远了范增。范增不得志，只得告老还乡，忧愤病死在回乡途中。这次刘邦派出的内间获得了巨大成功，那内间的一封信，比百万雄师还厉害。可以说，刘邦用内间瓦解项羽阵营，这一举动改变了当时的历史。

汉高祖原庙

这样看来，内间的功效不只是刺探大宗情报的问题，他的可怕之处还在于可离间将帅和主要决策人物之间的关系，不费一兵一卒，不流一滴血，无声无息地取上将之首级，置关键人物于死地，这种功效当时您想到了吗?

杜佑像

杜佑，唐朝中叶政治家、史学家，出身世官家庭，在地方及中央任上均有出色政绩，并完成了历史著作——《通典》，并著有《孙子注》，对孙子用间之说论述精到。

孙子：当时我当然也是想到了的，但在文稿中我没有点明。我只是说“内间者，因其官人而用之”，这里的一个“用”字，就包含着用他来制造敌方的种种矛盾的意思。这里靠的是“智慧”，“上智为间”。

“智”碑（孙子兵法城）

您说到“反间”时，在措词上用了“因敌间而用之”的话，“敌间”显然是指敌人打进我方的间谍，对此类角色，怎么反而可以“用之”呢?

唐太宗像

唐太宗李世民，是唐朝第二位皇帝，他名字的意思是“济世安民”。即位为帝后，积极听取群臣的意见。成语“兼听则明，偏信则暗”，就是说他的。他对《孙子兵法》推崇有加，说：“深哉，孙氏之言！观诸兵书，无出孙武”。

孙子：这是要作一点说明的。“敌间”，正如你们说的，就是敌人打进我方的间谍。这种人，如果我方没有发觉，那当然会坏事。对此，杜牧有解：“敌有间来窥我，我必先知之，或厚赂诱之，反为我用，或佯为不觉，示以伪情而纵之，则敌人之间反为我用也。”也就是说，我方的任务一是要排除“敌间”，使其打不进我方的营垒；二是对已经打入的，要及时识破“敌间”，弄清他的来龙去脉，予以利用。对于“用间”之说，《唐太宗李卫公问对》，又称《唐李问对》有精到的论述。

李靖像

李靖，唐代著名军事家。他撰有《李卫公问对》，又称《李靖问对》，或简称《唐李问对》，是唐太宗李世民与李靖讨论军事问题的言论辑录。有人怀疑此书是北宋阮逸伪作。此书多处对《孙子兵法》的命题进行了阐发，丰富和发展了《孙子兵法》的思想。它在中国历史上产生了比较大的影响，在宋代被列入《武经七书》中，成为武科必读之书，很有研究价值。

我们明白了，所谓“反间”，就是在识破“敌间”之后，还要利用“敌间”，让“敌间”为我所用。这是整个“反间”的三部曲，也就是说，促其反水，从为敌所用走向为我所用。但是，那是谈何容易的事啊，您有何种手段可促成身份已被我发现的敌间反水？

苏轼像

苏轼，北宋文学家、书画家。字子瞻，号东坡居士。与父苏洵，弟苏辙合称三苏。他在文学艺术方面堪称全才。其文汪洋恣肆，明白畅达，与欧阳修并称欧苏，为唐宋八大家之一。诗文有《东坡七集》等，词有《东坡乐府》。他对孙子的军事理论大加抨击。认为，“兵者诡道”之论以及“用间”之术，会助长“贪”“诈”之心；若此说流行，“则天下纷纷乎如鸟兽之相搏……而天下之乱何从而已乎！”（《孙武论》）

孙子：在我看来，最有效的办法是两手：第一手是金钱收买，也就是我所说的“因而利之”。这里所说的“利”当然包括金钱和地位。因为“间”在整个战事中的地位特殊，在利益上我主张可以重之又重，所谓“反间不可不厚也”。第二手是循循劝导。从一定意义上看，可能后者更加重要些。要让他们看到身为敌间是没有出路的，只有弃暗投明，才有光明的前程，这就是我说的“导而舍之”，劝导他舍弃原来的“敌间”行径，走为我所用的新路。

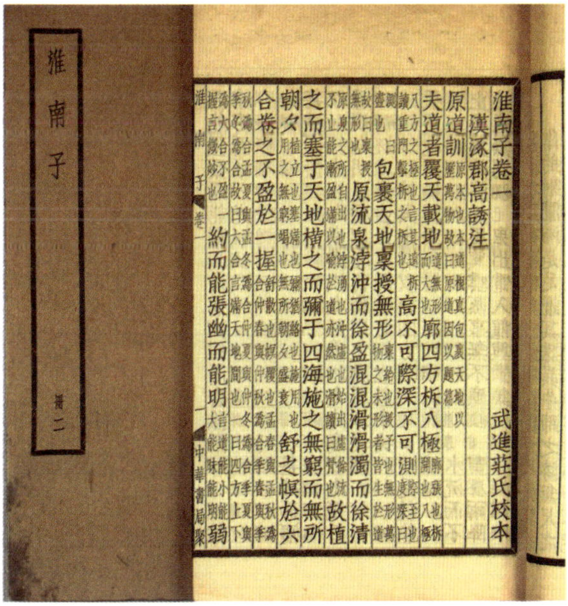

《淮南子》书影

汉代人的一些著作，也多称道孙子并引用其兵法，尤其“用间”之术。淮南王刘安及其门客所著的《淮南子》，其中《兵略训》一篇有不少论述是从《孙子》演化来的。如说“善用兵者，势如决积水于千仞之堤，若转员（圆）石于万丈之溪”，此语出于《兵势》；“善用兵者……先为不可胜，而后求胜”，此语出自《军形》。

您接着说的“死间”似乎与前面说的“反间”有一点联系，实际上也是对敌间的利用，只不过利用的方式不同罢了。这里关键是您说过“死间者，为诳事于外，令吾间知之，而传于敌间也”。又说“故死间为诳事”。有的学者把“死间”理解为“诳事”，有的学者则认为死间在“为诳事”，孰对孰错，请先生明示可否？

《文心雕龙》书影（中国社会科学出版社出版）

南朝齐、梁间的文学批评家刘勰所撰的《文心雕龙》，在《程器》篇中说：“孙武兵经，辞若珠玉。”赞其文辞修炼上的成就。由此可见，一些文人又开始注意到《孙子》的文学价值。

孙子：所谓“诳事”，就是假象，用在这里当然是指假情报。谁制造假情报呢？当然处于主动地位的“我”在制造假情报了。“我”已事先知道了来者是一个前来刺探情报的敌间，怎么对付他呢？他不是要情报吗？好，我给你。不过，我给的貌似真情报的假情报，这就是所谓的“诳事”。我说的“死间为诳事”，是一句简缩的话，实际上就是“对死间为诳事”。死间拿了假情报去邀功请赏，结果是大坏其事，这样岂不是把敌间置于死地？

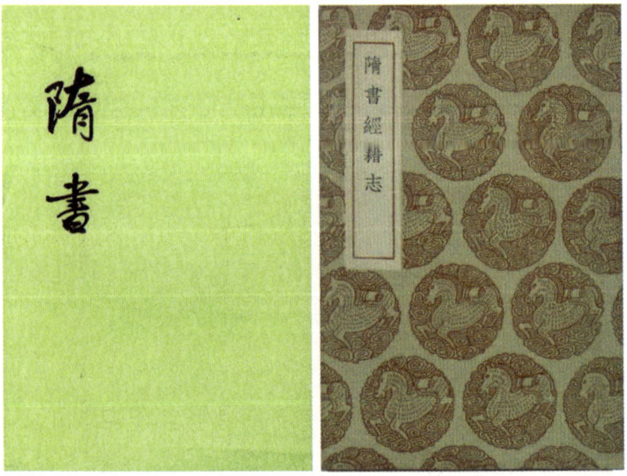

《隋书·经籍志》书影

魏晋时期对《孙子兵法》的注解，除曹操的《孙子略解》外，还有王凌的《集解》、张子尚的《注》、孟氏的《解诂》和沈友所撰的注解本等，对“用间”之说都作详解。据《隋书·经籍志》，王凌与曹操并列，当系三国魏人；沈友是“吴处士”；孟氏是南朝梁人。张子尚所注的本子，题名曰“孙武兵经”。他同刘勰一样，把孙子著作提高到经典的位置。

以诳事置敌间于死地的典型案例，大概莫过于《三国演义》中的周瑜“诳”蒋干一例吧？在赤壁大战前夕，为了弄清吴方的情形，曹操派间谍蒋干进入吴将周瑜的营盘，将一封假造的曹营水军将领蔡瑁、张允约里应外合攻破曹营的信放在桌上。周瑜似乎睡得很熟，而蒋干因为有心事而睡不着，半夜起床偷阅了信，不禁大惊失色，连夜溜出吴营，禀报曹操。曹操一时误以为真，竟将蔡、张两将莫名其妙地杀了。这一“死间”的运用，为赤壁之战的胜利创造了条件。

罗贯中像纪念币

孙子：这确是诳事置敌间于死地的典型案例。把它看成是对我的死间论的最为精到而且富于喜剧性的例证了。也是可以的。我认为，使用“反间”计，主要靠两手：一是“厚赂诱之”。敌人的间谍之所以有被我方利用的可能，就是因为很多间谍都是为所给的钱财所驱使，谁给他钱，他就为谁卖命。如果间谍觉得我方给他的钱比敌人给的优厚，那么他就会转而为我方服务。所以收买敌人间谍的主要手段，就是“厚赂诱之”。二是分化离间。就是在敌人之间或内部挑拨是非，引起纠纷，制造隔阂，破坏团结，使之反目为仇。敌人内部如果团结一致，就会形成强大力量，难以战胜。分化离间要从心理上，即从根本上把敌人分散开来，这时无论是哪部分遇到危难，其他部分都只能袖手旁观，甚至幸灾乐祸。所以分化离间是一种彻底的分敌之法。

赤壁雄姿今依在

您说“死间”，可这一用间的结果，“死”的不是“间”，而是两员水师将领，又怎么说蒋干这员敌间成了死间呢？为死间在“为诳事”，孰对孰错，请先生明示可否？

《百战奇法》书影

《百战奇法》是中国古代一部颇具特色的兵书，广为流传，为后世兵家所重视和推崇，被列为“中国古代十大兵书”之一。《百战奇法》将战争诸方面概括归纳为一百个题目，即“百战”，其与《武经七书》特别是与《孙子兵法》关系密切，继承和发展了中国古代军事思想。

孙子：你们的理解似乎有点儿偏。我这里说的“死间”之“死”，虽说也包括死亡在里面，但更多的意思是置敌间于死地。就以你说的蒋干为例，他原先很是得宠于曹操，后来，曹操误把蒋干传递的信息当真，竟将蔡、张两将杀了。这么一来，蒋氏大失曹氏之望，而且造成的后果又是那样严重，日后蒋氏还希望能得到重用吗？他即使是不死，政治上和军事上也等于死了。

《孙子十家注》书影

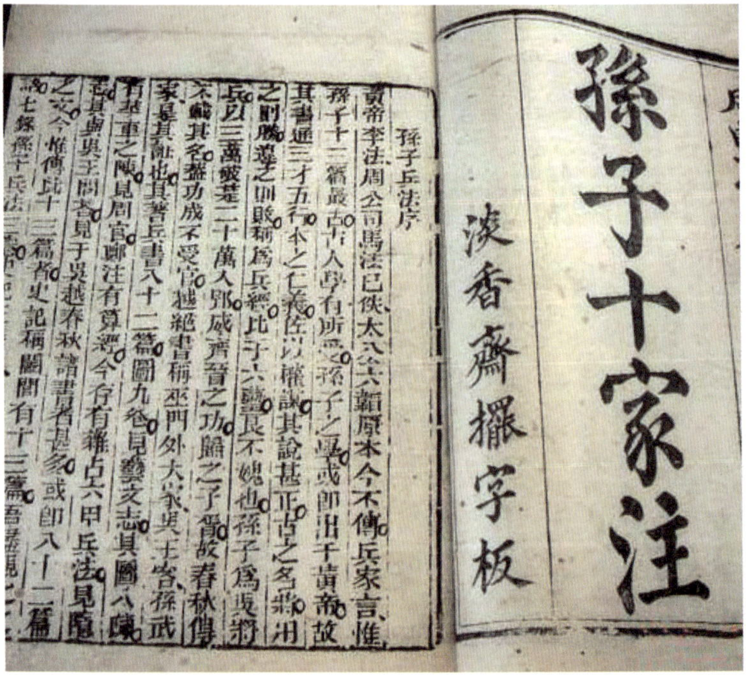

孙子雕像

最后一种“间”名之为“生间”，那似乎简单一些，就是使派到敌方去的“间”能“生”着返回，是不是这样？

孙子： 对的。但我要告诉大家。这在道理上也许的确是简简单单的，但是，这可难在实施。我方之“间”，打入敌营以后，再小心谨慎，也难免会留下蛛丝马迹，弄不好会因为事情败露而被杀。有的“间”即使因为自身的小心而长期没有暴露，但一旦进入敌营，往往难以脱身。因此，要真正成为“生间”，不只“间”自身有一个保密水平的问题，对派出国和派出机构来说，还有怎样对“间”进行有效保护的问题。因此，“生间”之“生”，还是很不容易的。

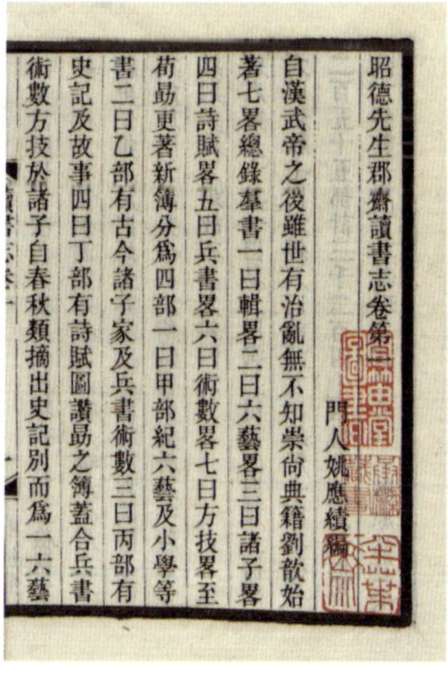

昭德先生郡齋讀書志卷第一

門人姚應績編

自漢武帝之後雖世有治亂無不知崇尚典籍劉歆始著七畧總錄羣書一曰輯畧二曰六藝畧三曰諸子畧四曰詩賦畧五曰兵書畧六曰術數畧七曰方技畧至荀勗更著新簿分爲四部一曰甲部紀六藝及小學等書二曰乙部有古今諸子家及兵書術數三曰丙部有史記及故事四曰丁部有詩賦圖讚勗之簿蓋合兵書術數方技於諸子自春秋類摘出史記别而爲一六藝

《郡斋读书志》及《郡斋读书志校正》书影（上海古籍出版社出版）

晁公武，晁冲之之子。自幼喜读群书，南宋时著名目录学家，官累礼部侍郎。著有《郡斋读书志》。他对孙子的用间之术极为推崇，在书中说：“仁庙时，天下久承平，人不习兵。元昊既叛，边将数败，朝廷颇访知兵者，士大夫人人言兵矣。故本朝注解孙武书者，大抵皆当时人也。”由此可以窥见宋代注释者蜂起的缘由。

上面说到的“五间”，各家兵注都作了详尽解释，尽管说法不一，但都阐述了这样一条规律：敌我双方都存在“五间”，而且又是互为因果的，能作这样的理解吗？

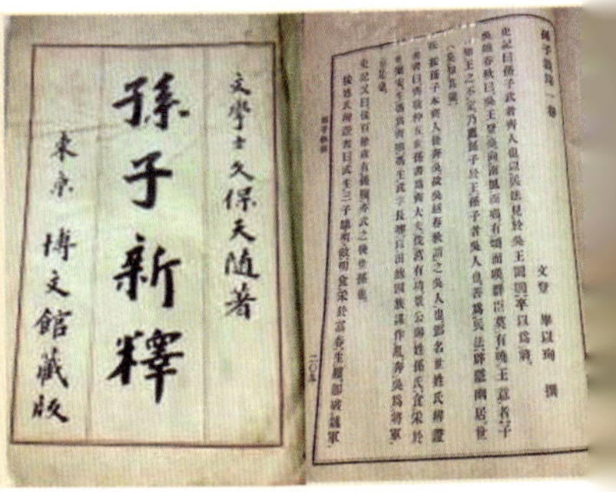

《孙子新释》书影

蒋百里对《孙子兵法》中的所谓“五间”作了阐述，在《孙子新释》书中说：“时制云者，时谓可以用兵之时，制，限也，谓用兵有所限制也。如古之冬夏不兴师之谓”。

孙子：可以这么说。比如乡间，敌方可以派出乡间，我方也可以派出乡间，问题只在于谁的手段高明。内间也是这样，可以说，两垒相对，各有内间深入在双方营垒内，问题也只看谁派出的内间手段高明、素养更高。至于死间与生间，也是相对的。在我为死间者，在敌往往是生间。我之“间”生还了，通过他带来的情报，往往可以置敌方一大批“间”于死地。反之亦然。“五间”对敌我双方都是相对的。

“用间篇”匾额

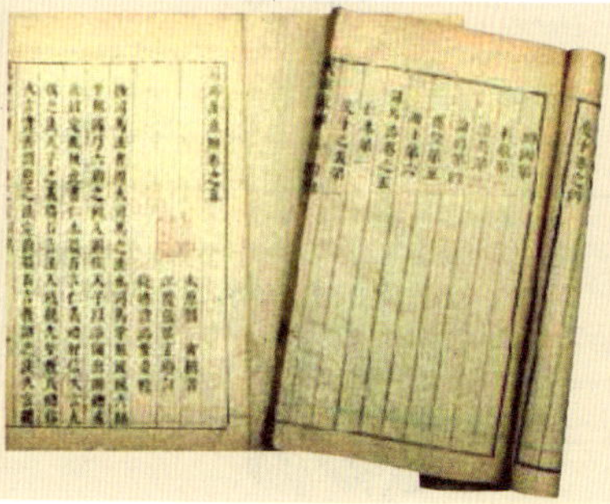

就一方而言，“五间”之间也是相互联系在一起的，因此，在军事实践中，事实上往往是“五间”并用，是不是这样？

孙子：这个问题我也充分注意到了。就拿乡间、内间、反间三者而言吧，“必索敌人之间来间我者，因而利之，导而舍之，故反间可得而用也。因是而知之，故乡间、内间可得而使也”。这段话的大致意思是：敌人派来了敌间，被我识破后，我方用重金收买他，用高官利诱他，还劝导他走上正路。他说行，就被我方派回敌营充当反间。他是否死心塌地当我方的反间呢？谁去验证呢？那我们派去的那些乡间、内间可以发挥作用了。他们深入在敌营中，最有发言权。“五间”之间的交互为用，十分重要。

《司马法》书影

从《吕氏春秋·论威》高诱注、《周礼》郑玄注、徐干《中论·赏罚篇》等，均引《司马法》文，推崇“上智为间”之说。由此看来，《司马法》在汉代，如同吴、齐二孙子一样，是军事学上权威性很高的经典著作。

《孙子兵法》书影（各式版本）

曹操十分推崇《孙子兵法》的“用间”之策。他说：“吾观兵书战策多矣，孙武所著深矣。”（《孙子序》）《孙子兵法》言简义深，一般人不易读懂其中道理。经曹操的整理与注释，方使《孙子兵法》得以流传至今。

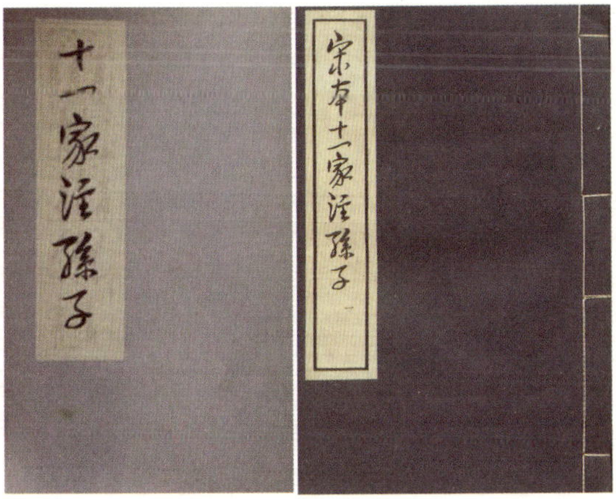

这里就涉及充当间谍的人的素质了。在您看来，“以上智为间者，必成大功”。这“上智”指的是什么意思呢？

孙子：在这里，间的“上智”，至少有那么三条：其一，要充分地了解敌情。不是一般的了解，而是充分的了解，最好是在敌方那里生活过一段时间的。我在文中举了两个人物。一个是伊尹，他早年生活在夏地，对夏的社会状况了如指掌。“殷之兴也，伊挚在夏”。伊尹可谓中国军事史上“用间”首创者。还有一个是姜尚子牙，他很长一段时日是在殷地生活的。他也生活在基层，但对殷王朝的腐化腐败，了解得很深，所谓“周之兴也，吕牙在殷”。其二，要有严密的保密意识。保密也是一种上智。有的人被人一鼓动，什么都吐出来了，这样的人，即使再有大才，也是不适宜于当“间”的。所以我在《用间》一文中明确写道：“间事未发，而先闻者，间与所告者皆死。”有的事，除了主事者之外，就是只能“间”一个人知道。在事先你告诉了第二人，这第二人和间本人都得处死。其三，要灵活机动，随机应变。“间”在离开自己的国家之前，可以有种种设想，应该说，想得全一点、仔细一点。但是，情形是瞬息万变的，到了敌国或敌营以后，“间”必须自作主张，灵活机动地处置一切。“非微妙不能得间之实。微哉，微哉！无所不用间也。”“间”的应变，“间”的灵动，“间”的巧对，只能用“微哉，微哉”来表述。“间”的微妙之处，的确是一言难尽啊！

伊尹像

伊尹，商初大臣。他深知民心向背，进入夏王朝内部侦察，施以离间之计，扩大敌人内部矛盾，以削弱其实力，为后来灭夏战争的胜利打下了基础。为中国军事史上“用间”第一人，其功劳不言自明。孙子总结说：“能以上智为间者，必成大功，此兵之要，三军之所恃而动也。”（《孙子兵法·用间篇》）

周武王像

周武王姬发，西周王朝开国君主，周文王次子。他继承父亲遗志，表现出卓越的军事、政治才能，对殷商了如指掌，一举灭掉商朝，建立了西周王朝，成为中国历史上的一代明君。死后谥号“武”，史称周武王。

据查，日本出版发行的《孙子》书，见于著录就有一百五六十种。他们对孙子及其兵法都推崇备至，称您是“兵圣”，是“百世兵家之师”，是“东方第一流之大文豪”，称《孙子》是“武经之冠冕”，“韬略之精髓”，“天下之至宝”，将军们随身携带，有的还把您的名言写在战旗上，或刻在座椅上，连天皇也要让大臣为他讲解《孙子》，有的还称您是“最伟大的间谍大师”，说什么“日本人在珍珠港偷袭美国军舰时，他们搜集和实际应用情报的策略还是从您《兵法》中学来的”，对此，有何感想？

孙子： 好事坏事都往我头上戴，那是他们的事，我的兵法是客观存在的，自有公认。不过，他们将我的思想加以吸收改造，为他们的“皇战”服务，而且还渗透到社会生活的其他很多领域，那是他们的事。我要说的是你们常讲的“真理是没有阶级性”，你可用，我也可用。问题是要看你的用处是否对人类有益处？不管怎样，日本遣唐使吉备真备对于中国兵法，包括我的兵法的传播是有贡献的，值得纪念。

吉备真备像

吉备真备，日本奈良时代的学者、遣唐使、政治家。吉备真备长期在大唐留学，据说唐玄宗看重他的才能，不想让他回国。后来，吉备真备带回了《六韬》《三略》等兵法书，被尊为日本的兵法之祖。

吉备真备雕像

在西方，《孙子兵法》的影响虽然不像在日本那样广泛而深刻，但在人们心目中的地位仍是很崇高的，据说拿破仑和德皇威廉二世都曾读过《孙子兵法》，而且也颇有相见恨晚之意。英国著名军事家利德尔·哈特在他的名著《战略论》一书中说您是“最优秀的战略家”，还多处用您的话来发挥自己的思想，有的还说您的思想有着一个“惊人”的特点，那就是“时新”，也就是说您的箴言“就像是昨天刚写出来的一样”？这是怎么一回事？

孙子： 这表明我的军事思想，说出了规律性的东西，也说出了他们的心里话。揭示战争规律最容易使将官们产生“所见略同”或是“相见恨晚”之感。规律是客观的，既不能创造，也不能消灭；不管人们承认不承认，规律总是以其必然性起着作用。他们有“就像是昨天刚写出来的一样”之感，正说明《孙子兵法》说出了兵法的实质和规律。

拿破仑像

拿破仑·波拿巴，法国近代资产阶级军事家、政治家。法兰西共和国第一执政者，法兰西第一帝国皇帝，早年曾熟读《孙子兵法》。

《战略论》书影

《战略论》为英国军事理论家、战略家利德尔·哈特所著，他毕业于剑桥大学。第一次世界大战爆发后参军。负伤就医中开始研究军事，利德尔·哈特的“间接路线”战略思想在一定程度上与东方兵学靠拢。开辟了“柔武”军事哲学思潮，对欧美等国的军事教育、军事训练乃至国防战略都产生了深远影响。中国的《孙子兵法》在国外军事理论界产生巨大冲击，同利德尔·哈特对孙子兵法的推崇不无关系。

德皇威廉二世像

德皇威廉二世，自幼接受严格的军事训练，尤其擅长于马术。他以皇长孙的身份进入著名学府波恩大学，专攻法律、军事与国家学，喜爱《孙子兵法》。

第六章 万世兵经

孙武的《兵法》一书，千百年来，传诵不已，被世人尊为“万世兵经”。自孙武辞世以降，国内研究其书其人的专著在千种以上，国外这样的作品也日见其多。自《兵书》问世以后，中国人渐次从重“勇斗”走向重“智斗”。一本兵书能这样深层地改变民族性格的，不多见。再说，后世读《兵法》的人，不只在兵言兵，同时由言兵走向言商、言处世、言为人。寓刚于柔的孙武兵法思想，在理解上和实用上正不断地被世人所泛化和深化。

您的大著《孙子兵法》自问世以来，一直被奉为兵家的圭臬、武界的至宝，在中国军事、思想、文化界一直享有极为崇高的地位。检点数千年来的思想文化界的代表人物，在某一时期某一阶段，可能会被捧上九天，可过后又因为某种因缘而被打入九地，而先生您却远离了这种嬉戏式的轮回，数千年来一直稳坐在“武圣”的这把交椅上。请问，这是为什么？

孙子：不少有识之士认为，这可能是与我坚持的思想文化原则有关的。我同意这些说法：一是说我坚持了文化的继承性。我的兵家思想不是我一个人的创造，它是中华整个文化的继承和发展，它的源头在于我们的远祖，在于华夏先人，在于齐鲁大地圣贤，也在于我的家族渊源。二是说我坚持了文化的真理性。可能在我同时代的人中间，没有谁能像我这样对战争的诸多因素进行如此完整、深入、细致的考察和研究。我的《孙武兵法》十三篇，把战争环境中的地理因素、气候因素、人文因素，以及战争过程中的策略、计谋、攻守之术，都讲到了。英国著名的战略理论家、《战略论》的作者利德尔·哈特说“孙子兵法是21世纪的兵法”，我的理解是，他认为这部兵法的真理性是永存的。三是说我坚持了文化的客观性。我的兵学思想不是单单为某一国家的某一君王服务的，我是想用我的兵法思想造福于整个人类。我说“不战而屈人之兵”，一方面道出了我的一种战略思想，同时也告诉人们，战是为了不战。我参与了吴国的许多征战，但不知大家发现没有，在我的《兵法》中没有一处说到吴楚、吴越、吴齐之间的战争的，为的就是使我的作品保持一种真正意义上的客观性。

郭化若像

郭化若，杰出的军事理论家和军事教育家，1988年荣获一级红星功勋荣誉章。参加了北伐战争。代表作品有《郭化若军事论文选集》《新教育教学法》《军事辩证法》《孙子译注》等。他一直把《孙子兵法》奉为兵家圭臬。

我的这部《兵法》被誉为“万世兵经”，我本人也一直被视为“武圣”，这也许是人们对我坚持的上述那“三性”的认同有关的吧！

孙膑

中国战国时期军事家，传为孙武之后人。

查历史，发现您的作品的影响力不仅没有因您的去世而降低，相反，进入战国时代以后，您的作品中提倡的那些战略、策略、战术、方针普遍地受到了重视，而且在一些军事大家包括您的后人孙膑的理论和行动中得到了明显的体现，那是为什么？

孙子：道理很简单，原因还在于上面说到的“三性”。战国时代，战事还是绵绵不绝，人们需要寻找兵家的思想武器，寻来找去，最后还是锁定在《孙子兵法》上。

第一个以我的兵学思想的继承者面貌出现的是战国初期的大军事家吴起。他所说的“以近待远，以佚待劳，以饱待饥”，“遇诸丘陵、林谷、深山、大泽，疾行亟去”等，同样的提法在我的《军争》篇中都可以找得到。

孙膑是我的后人，在他所著的《兵法》中，大量运用了我的论述。他说的“避而骄之，引而劳之，攻其无备，出其不意”，“料敌计险，必察远近，将之道也”，这些也都是从我的《计》篇和《地形》篇中点化出来的。

魏惠王时的军事家尉缭，在其著作《尉缭子·制谈》中说道：“有提十万之众而天下莫当者谁？曰桓公也。有提七万之众而天下莫当者谁？曰吴起也。有提三万之众而天下莫当者谁？曰武子也。”这里说的“武子”是“孙武子”简约称法。他说我在军事上超越了桓公、吴起，那实在不敢当，但是，我在兵学理论上比他们更完备些，那倒完全是事实。

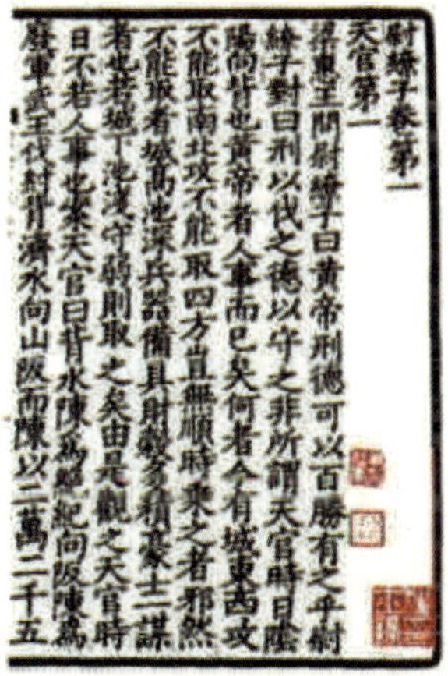
尉繚子卷第一
天官第一
梁惠王問尉繚子曰黃帝刑德可以百勝有之乎尉
繚子對曰刑以伐之德以守之非所謂天官時日陰
陽向背也黃帝者人事而已矣何者今有城東西攻
不能取南北攻不能取四方豈無順時乘之者邪然
不能取者城高池深兵器備具財穀多積豪士一謀
者也若城下池淺守弱則取之矣由是觀之天官時
日不若人事也案天官曰背水陳為絕紀向阪陳為
廢軍武王伐紂背濟水向山阪而陳以二萬二千五

《尉缭子》书影

《尉缭子》为尉缭所著。尉缭，著名的军事家。秦王政十年（公元前237年）入秦游说，被任为国尉，因称尉缭。他所著《尉缭子》被列入军事学名著，受到历代兵家推崇，与《孙子》《吴子》《司马法》等在宋代并称为《武经七书》。

上面提及的这些都说明了，您去世后的一百多年间，您的兵法思想被广泛运用于当时的战事中，并获得了比您在世时更高的声誉。到了战国末叶，您在兵学界以至更广泛的领域里获得了认可，能不能说，在那个时候，您的兵学高人一筹的地位大致已经奠定了下来？

孙子：你们做出这样高的评价，我也只好接受，因为早在韩非时代就这么评说了。他在《韩非子·五蠹》说："今境内皆言兵，藏孙、吴之书者，家有之。"这里所言我的兵法之著"家有之"，可能有些夸张，但多少也反映当时的普及程度。后来的《汉书》作者也说："（战国时）世方争于功利，而弛说者以孙、吴为宗。"（《汉书·刑法志》）由此可见，"家有之"和"以为宗"两语，说明虽然当时未必有人说我的兵书是高人一筹的，而实际上人们的心目中是尊崇的。历代不少诗人都称道我的兵法。

韩愈像

韩愈，唐代古文运动的倡导者，宋代苏轼称他"文起八代之衰"，明人推他为唐宋八大家之首，与柳宗元并称"韩柳"，有"文章巨公"和"百代文宗"之名，著有《韩昌黎集》四十卷。他在诗文中多处称道孙子，如在《送孟东野序》中称，周衰之时，"孙武"之属，"以其术鸣"。

《高适岑参诗选》书影（人民文学出版社出版）

唐代诗人在他们的诗文中不时称道孙子，表达了对伟大军事家孙武的怀念，如高适的《蓟中作》《送浑将军出塞》《李云南征蛮》等诗，《谢上淮南节度使表》等文，均道及"孙、吴"。罗隐诗《题杜甫集》云："忍教孙武重泉下，不见时人说用兵。"（阮阅《诗话总龟》卷二十四引《南部新书》）

秦始皇的“焚书”事件，是对文化的大破坏，大扼杀。有一种说法：秦始皇不希望别人掌握兵法来对付自己，对兵法之著作一律予以焚毁，不知您的《孙子兵法》是否也遭被焚之列？

秦始皇像

秦始皇为了实行其专制统治，焚烧各类图书，他曾大怒曰：“吾前收天下书，不中用者尽去之。”（《史记·秦始皇本纪》）由此言看，秦始皇所焚的，当多是《诗》《书》之类的儒家典籍。以《孙子》为代表的兵法著作，是讲如何制胜敌人、安国全军的，应不至被认为“不中用”而焚烧“尽去”。1972年在山东临沂银雀山汉墓出土的西汉初年抄写的竹简，其中大部分是《孙子兵法》《孙膑兵法》等兵书，不少学者以此证明，《孙子》等兵法著作没有遭到秦火的摧残。

孙子：是否被焚虽说是史无明文，但可以肯定地说我的《兵法》是没有被焚的。首先，焚书起自儒生的胡言乱语，李斯的倡言“焚书”也是针对“《诗》、《书》、百家语”的，而且，明确说“所不去者医药卜筮种树之书”。他实际上是说此类书，肯定没有说全。秦始皇后来还说过：“吾前收天下书，不中用者尽去之。”（《史记·秦始皇本纪》）可以相信，行伍出身的秦始皇是不会把兵书视作“不中用”之书的。再说，后世（1972年）山东临沂银雀山汉墓中出土了大量西汉初抄写的竹简，其中就有《孙子兵法》。这就足以证明秦火是没有焚毁我的作品的。

《史记·秦始皇本纪》书影

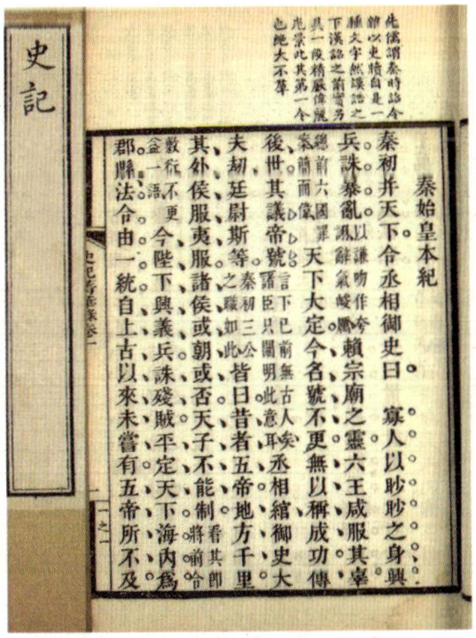

史記

秦始皇本紀

秦初并天下。令丞相御史曰。寡人以眇眇之身。興兵誅暴亂。賴宗廟之靈。六王咸服其辜。天下大定。今名號不更。無以稱成功。傳後世。其議帝號。丞相綰。御史大夫劫。廷尉斯等。皆曰。昔者五帝。地方千里。其外侯服夷服。諸侯或朝或否。天子不能制。今陛下興義兵。誅殘賊。平定天下。海內為郡縣。法令由一統。自上古以來。未嘗有。五帝所不及。

李斯雕像

可以说，楚汉之争乃至汉代是您的《兵法》广为被应用，并在应用中得以神圣化的时期，可以这样说吗？

《白话投笔肤谈》书影（岳麓书社出版）

何守法的《投笔肤谈》，仿效《孙子》的立意而撰成"十三篇"。他在《引》中说："（《武经七书》之中）唯《孙子》纯粹，书仅十三篇，而用兵之意悉备，汉初为最。"

孙子：可以的。韩信被称为"汉初三杰"之一，在民间有"韩信点将"之传说。在他的戎马生涯中，据说曾有三次渡河作战的经历，而布阵列队次次不同，把我的"战胜不复"思想运用得十分灵巧。公元前204年，刘邦派韩信击赵，交战于井陉。韩信背水设阵，士皆殊死拼搏，结果大破赵军。事后，诸将问韩信："兵法云'右背山陵，前左水泽'，今将军令臣等反背水阵，此何术也？"韩信答道："兵法不曰：'陷之死地而后生，置之亡地而后存'？今予之生地，皆走，宁尚可得而用之乎？"听罢，诸将皆服。这是对我《兵法》活学活用的一个实例。汉代所著《淮南子》一书中的《兵略训》，大部分论述都是从我的《兵法》中点化出来的。汉武帝还叫他的爱将霍去病学《兵法》呢！

韩信点将台

三国这个时代可以说把您的这部《兵法》看成是英雄们的必读书。在《三国志》中，生动地记述了吴主孙权劝吕蒙学习《兵法》、当一个有勇有谋的年轻将军的故事。吕蒙照孙权的话去做，不出数月，果然渐通兵法，学识精深。鲁肃见吕蒙学得很有心得，盛赞他“非复吴下阿蒙”，吕蒙也高兴地作答：“士别三日，即当刮目相看”。三国时代的英雄们大学《孙子兵法》，是否同战争环境有关？

《三国志》书影（中华书局出版）

孙子：显然有关。三国时期的魏、吴、蜀三方，都视战事如生命，他们都希望从《兵法》中寻找到取胜之道。三国时的人物中，曹操是熟读了《兵法》并运用得最为出色的一个，例如，当曹操围张绣于穰地时，军势浩大的刘表来救。曹军策略性后退，刘张联军追击曹军于安众，曹军被前后夹攻。这时，“（曹）公乃夜凿险道为地道，悉过辎重，设奇兵。会明，贼谓公为遁也，悉军来追。乃纵奇兵步骑夹攻，大破之”（《三国志 · 魏书 · 武帝纪》）。这是我的《兵法》中“归师勿遏”“置之死地而后生”军事原则的生动运用。“遏”者，阻止也。面对如此强大的刘张联军，我要收兵归去了，可这时刘张联军还是紧追不舍，处于绝地的我军，就会拼死一战，“置之死地而后生”的局面是敌人“遏”出来的。不少学者认为，如此能娴熟地运用《孙子兵法》的还有诸葛亮、司马懿、陆逊等数十人。

左为武圣园门
右为武圣亭

一二七问孙子

在很长的历史时期，《兵法》已是“家喻户晓”，但是，它的真正被抬高到“武经之首”的位置，却要迟至北宋中叶，这是否也同当时的战事有关？

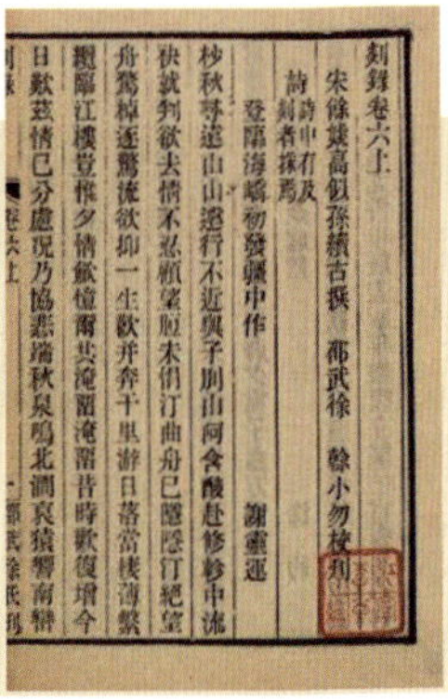

高似孙《剡录》书影

高似孙，孝宗淳熙十一年（1184年）进士，著有《疏寮小集》《剡录》《子略》《蟹略》《骚略》《纬略》等。他对孙子的军事思想多加非难，他说：“兵流于毒，始于孙武乎！”（《子略·孙子》）陈师道更称孙子之论为“盗术”（《后山集·拟御试武举策》）。

孙子：应该说，这与当时宋代的国运有关。客观地说，那时对我兵法有赞有毁，毁者认为我的“用间”之说使人心大坏，像叶适等人还视之为“盗术”，当然这是少数。北宋中叶，北方的游牧民族的军事实力急剧膨胀，频频举兵南侵。在兵员上不少于对方的宋军却怎么也不能保卫自己的北疆。不少学者认为，在这种情况下，武备受到了宋朝廷的重视。这样就有了武学堂的兴办、武举制的设置以及兵书的选编。公元1072年，宋神宗诏命国子监司业朱服等人负责编辑《武经七书》，我的《兵法》被列于其首，这样，万世兵经的地位在文献中就定了下来。其实，在民众心目中是早已定下来了，皇上的御批只是一种形式而已。

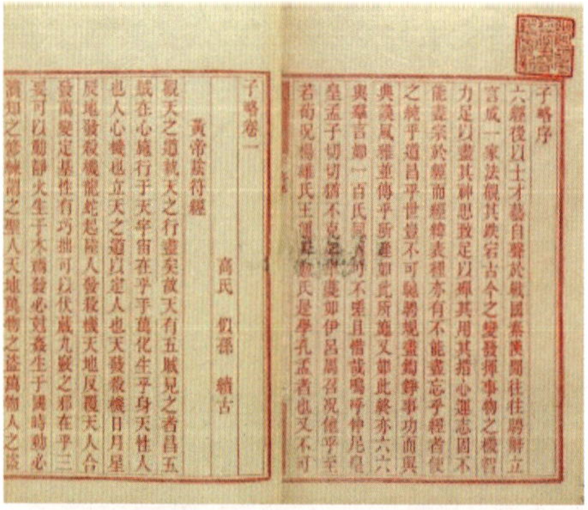

《子略》书影

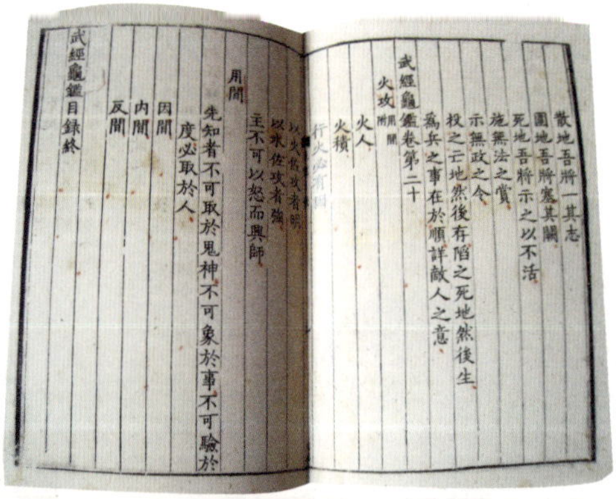

《武经龟鉴》书影（宋刻本，现存上海图书馆）

明清时期，不论是官方还是民间，对先生《兵法》的热忱一点也没减，尤其是面临“倭寇”侵扰时，人们自然而然地会想到先生的大作。抗倭英雄戚继光对您兵法的运用就非常精到，他曾上疏道：“兵形像水，水因地而制流，兵因敌而制胜。”这用的不正是您《虚实》篇中的原话吗？

戚继光像

戚继光，明代著名抗倭将领、军事家。率军于浙、闽、粤沿海诸地抗击来犯倭寇，历十余年，大小八十余战，终于扫平倭寇之患，世人称其带领的军队为“戚家军”。戚有多部军事著作及诗作传世，认为孙子的“诡道”是兵法之精粹。

孙子：是的。正如你们说的，戚继光是明清时代将我的《兵法》思想运用于实践的代表人物。戚氏在北方当都督时，曾上疏道：“兵形像水，水因地而制流，兵因敌而制胜。”这是从我《孙子兵法·虚实篇》中的原话中点化出来的。我在《虚实》篇原话是这样说的：“兵形像水，水之形，避高而趋下；兵之形，避实而击虚。水因地而制流，兵因敌而制胜。”他的军事著作《练兵纪实》，还大量引用了我的兵法思想加以论证。在另一本军事著作《纪效新书》中又称：“孙武之法，纲领精微，为蒙加焉……犹禅家所谓上乘之教也。”由此足见他对我的兵学思想佩服到五体投地的地步。

《纪效新书》书影

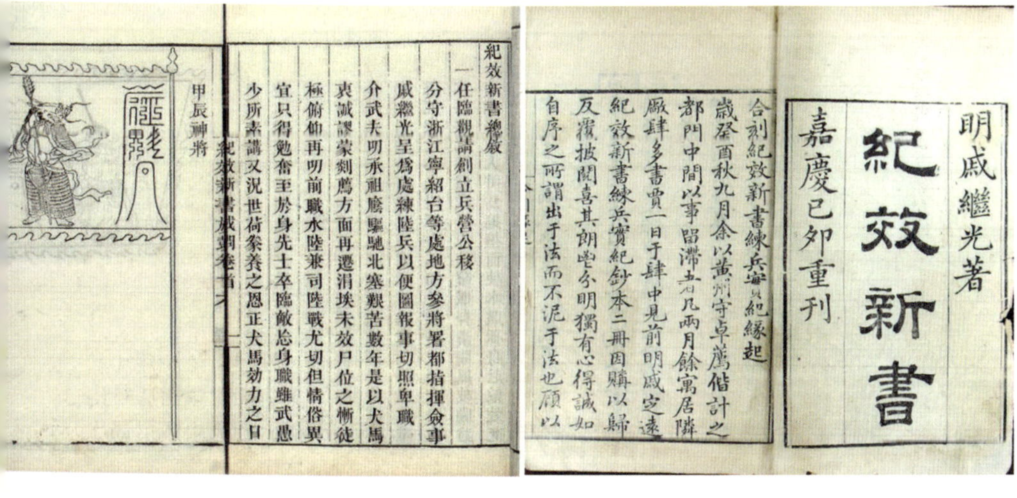

在当代中国，灵活地运用《孙子兵法》并有所发明创造的大师级的人物无疑是中国革命的领导者毛泽东了。在《论持久战》一书中，对《孙子兵法》，他理解得深，运用得活，可以说是前无古人的。但是，毛泽东说，在革命战争岁月中没有读过您的《孙子兵法》，这是怎么回事？

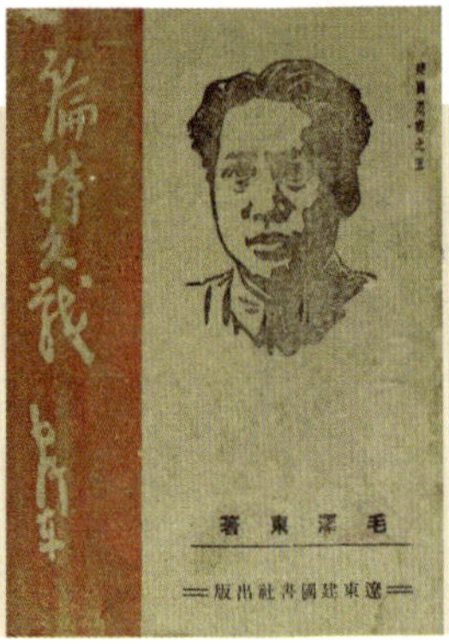

《论持久战》书影

孙子： 还是听毛泽东自己是怎么说的吧！在1960年12月25日部分亲友和身边工作同志谈话时，说到打游击时的情况，也谈到了早年学《孙子兵法》的情形。他说："我在山上搞了几年，比他们多了点在山上的经验。……那时我没有事情做，走路坐在担架上，做什么？我看书！他抬他的担架，我看我的书。他们又批评我，说我凭着《三国演义》和《孙子兵法》指挥打仗。其实，《孙子兵法》当时我并没有看过，《三国演义》我看过几遍，但指挥作战时还记得什么《三国演义》，统统忘了。……后来到了陕北，我看了八本书，看了《孙子兵法》。"（《毛泽东读书笔记·军事篇》）在井冈山的"山沟里"打游击战时，当时毛泽东还没有直接读过《孙子兵法》，这也是正常的。但通过《三国演义》在一定程度上体验《孙子兵法》的思想，尤其是通过亲身的实践，在理论上和许多做法上，毛泽东与我都是不谋而合的，后来读了我的书后，在运用上就更自觉了。

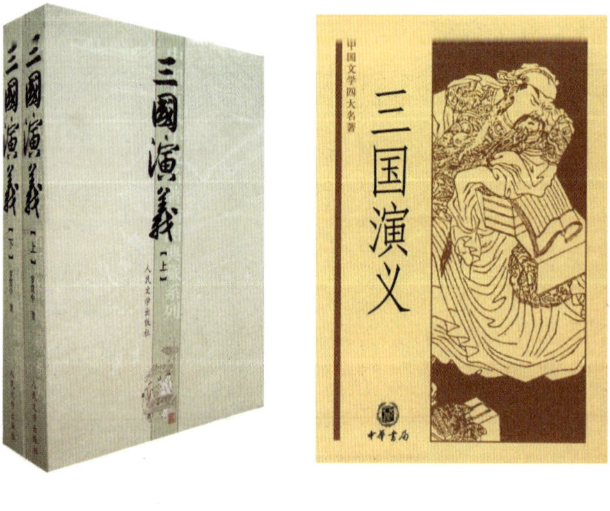

《三国演义》书影（左为人民文学出版社出版，右为中华书局出版）

毛泽东在运用《孙子兵法》方面，有很多有趣的故事。在井冈山时期，毛泽东指挥了第二次反“会剿”中的黄洋界保卫战，这无疑是一局险胜之棋。当时，红四军主力下山了，山上守军不足一个营，而敌军有武器精良的几个师，真是“敌军围困千万重”啊！可是，在整个战斗中，山上守军始终方寸不乱，“山头鼓角相闻”，似有千军万马在迎候敌军一样。敌军看那气势，不敢贸然而进，最后是“报道敌军宵遁”。毛泽东在这里运用的是什么兵法？

井冈山瀑布气势非凡

孙子：毛泽东后来自己说，他学的是《三国演义》中的“空城计”。其实，这个空城计是脱胎于我的“虚则实之，实则虚之”的军事思想的。我在《孙子兵法·虚实篇》反复强调：守则不足，攻则有余。当兵力不如敌人充足时要采取防守的策略；当兵力比敌人强大时，就要主动采取进攻的策略，尽快结束战争。在古代有不少如同长城、城墙之类防御工程，也有盾牌之类的守御武器。这也说明中华民族自古以来，就是一个爱好和平、反对侵略的民族。

西周人面盾牌

古长城

照毛泽东自己的说法，他是到了陕北学的《孙子兵法》，后来又一读再读，他读《孙子兵法》十分认真，一面读了还一面抄原文。抄了以后，再去找古今相关的评述文章来看，最后写下自己的读书笔记。凡伟大人物，像孙中山等都是非常看重《孙子兵法》，这是为什么？

孙中山像

中国革命先行者孙中山就非常崇敬古代兵家的思想，将《孙子兵法》尊为军事智谋的理论源泉。他指出："就中国历史来考究，二千多年前的兵书，有十三篇，那十三篇便成为中国的军事哲学。"（《孙中山选集》）从而充分肯定了《孙子兵法》一书的历史地位。

孙子： 这是因为《孙子兵法》讲出了兵法规律。毛泽东是从他的实战中体验我的兵法思想的，有不少是不谋而合的，有的是在我的兵法思想基础上作了更深入的阐发。他就此写过长段的读书笔记，其中说道："中国古代大军事学家孙武子书上'知己知彼，百战不殆'这句话，是包括学习和使用两个阶段而说的，包括从认识客观实际中的客观规律，并根据这些规律去决定自己的行动克服当前敌人而说的。我们不要看轻这句话。"（《中国革命战争的战略问题》）毛泽东把我的《孙子兵法》读活了，从而点化出了游击战、运动战、诱敌深入战、敌疲我打战等种种战争方略。在中国历史上，还没有一个人能把我的《孙子兵法》运用得如此纯熟的。他在我说的"知己知彼，百战不殆；不知彼而知己，一胜一负；不知彼不知己，每战必殆"的文下连划了三条杠，以示重视。

《中国革命战争的战略问题》书影

毛泽东在研究和运用《孙子兵法》方面，同样体现了这位伟大战略家、思想家的特点。他指出："孙子的规律，'知彼知己，百战不殆'，仍是科学的真理。"（《论持久战》）对《孙子兵法》的掌握和运用已完全达到了炉火纯青、出神入化的境界，这标志着中国军事思想水平达到了前所未有的高度。

像《孙子兵法》这样一部伟大的军事著作，是早晚要走出国门、走向世界的。西方学者塞缪尔·格里菲斯曾经依据525年日本继体天皇说过“夫将者，民之命与国之存亡之所系也”这样的话，断定这话就是从《孙子兵法》中的“故知兵之将，民之司命，国家安危之主也”（《孙子兵法·作战篇》）中变化出来的，因而断言此时《孙子兵法》已传到了日本，这一说法可靠吗？

吉备真备纪念园

孙子：《孙子兵法》传入日本的时间说法不一。据史书记载，把《孙武兵法》携往中国的东邻日本国的是公元8世纪（奈良时代）的日本遣唐使吉备真备。这是携《孙子兵法》出国的第一人。他在中国学军事理论达十九年之久，学成后归国，以《孙子兵法》思想在国内开展教育，弟子达百人以上。但也有学者认为这个时间过晚，应在公元6世纪就已传入。尽管说法不一，但日本对《孙子兵法》是十分推崇的。

吉备真备纪念碑

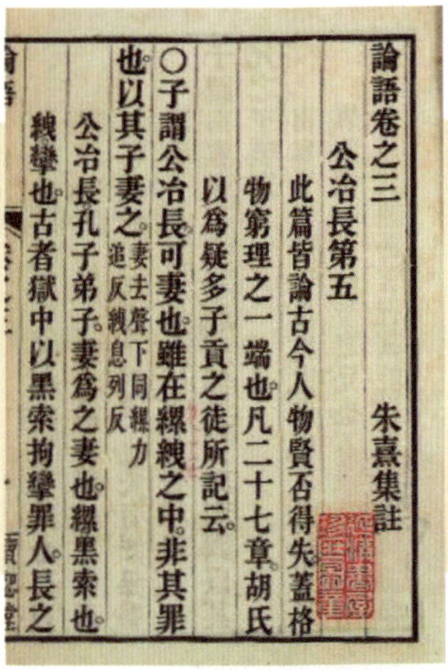
論語卷之三　朱熹集註
公冶長第五
此篇皆論古今人物賢否得失蓋格物窮理之一端也凡二十七章胡氏以為疑多子貢之徒所記云
○子謂公冶長可妻也雖在縲絏之中非其罪也以其子妻之 妻去聲下同縲力追反絏息列反
公冶長孔子弟子妻為之妻也縲黑索也絏攣也古者獄中以黑索拘攣罪人長之

说文圣孔子的《论语》现在是传遍了世界，其实，您这位武圣的《孙子兵法》也已传遍了世界每一个角落，日、法、英、俄、美、捷等国均有译本，现已有二十七种语言的二百七十八种版本。是否可说《孙子兵法》和《论语》在国内外的影响并驾齐驱了？

孙子：我被一些老外尊为“东方兵圣”“东方兵学的鼻祖”“超越中华文化圈对世界产生巨大影响的少数中国伟人之一”，而我的《孙子兵法》则被人奉为“世界古代第一兵家名书”。不少国家把它列为军事院校的必读书籍，西方权威的百科全书均列有“孙子”和“孙子兵法”条目。面对这种态势，可以说是与孔子的《论语》在国外的发展并驾齐驱了。

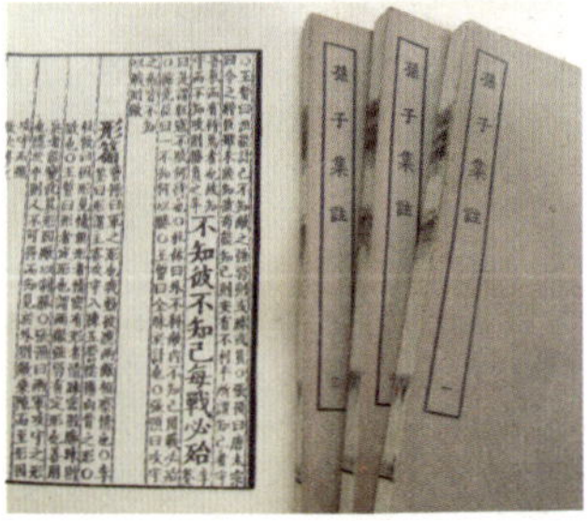

《论语》与《孙子兵法》书影

“兵圣”孙武雕像

人们普遍认为,《孙子兵法》的价值不只在军事上,就是在商业上,它也算得上是经典了,还有人把它视为“商战指南”呢!其实,早在战国时代白圭就将您的军事思想用于商业经营了,是这样吗?

白圭像

白圭,战国商人。《汉书》中说他是经营贸易发展生产的理论鼻祖,即“天下言治生者祖”。他将孙武的军事思想应用于商业第一人。

孙子:是啊!白圭是个了不起的商业经营家,被称为“治生之祖”,也就是商业经营的第一人。白圭在战国时代魏惠王时的魏国为相,在时间上略晚于我,当时他把我的军事原则用于商战的。他明确说:“吾治生产,犹伊尹、吕尚之谋,孙、吴用兵,商鞅行法是也。”(《史记·货殖列传》)白圭把我的“兵贵胜,不贵久”“兵久而国利者,未之有也”(《孙子兵法·作战篇》)的思想,用于商战,就成了“趋时,若猛兽挚鸟之发”和“人弃我取、人取我与”的战略方针。白圭之后,中国的许多商业大家,都是师法《孙子兵法》的,就是医学也是使用兵学之道。

《医学源流论》书影(徐大椿著)

徐大椿,清代学者。自幼习儒,旁及百家,聪明过人。年近三十,因家人多病而致力医学,攻研历代名医之书。后他将《孙子兵法》用于医学。在《医学源流论》中说:“兵之设也除暴,不得已而后兴。药之设也以攻疾,亦不得已而后用,其道同也。孙武子之十三篇,治病之法尽之矣!”

当代社会是市场经济为主体的商业社会，世界各国的商业大家也十分看好于您和您的《兵法》。有不少经营家想从兵战中寻找商战的经验。正如中国香港的《明报》发文说的，现代人发现商战中的许多问题，如有关时间问题、效益问题，有关经营的战略、市场竞争、组织原则、选用人才、为人处世等，乃至文学创作都可以在《孙子兵法》中找到精辟的见解。对此，您有何评说？

欧阳修

欧阳修，号醉翁，又号六一居士。北宋卓越的文学家、史学家。他说：“武之书本于兵，兵之术非一，而以不穷为奇，宜其说者之多也。”（《欧阳文忠公集·居士集·孙子后序》）

孙子： 人们如此看好我的这部《兵法》，我真感到不胜荣幸！据说，中国台湾的企业家陈茂榜把《孙子兵法》中的“五事”，概括为企业管理中的“五大原则”：“道”为目标；“天”为机遇；“地”为市场；“将”为企业人才；“法”为组织、纪律。日本东洋精密工业公司领导人大桥武夫应用《孙子兵法》的“上下同欲者胜”的原理，整顿濒于破产的企业一举成功，经久不衰，后来他把自己的心得写成了《兵法经营学》一书。美光通用汽车公司领导人史密斯非常重视应用《孙子兵法》于商界，他说：“我的经营这道来自古代中国的《孙子兵法》。”可以说，我的这部《兵法》的商业以及学术价值在以后的时日里会进一步被深层发掘。

胡应麟像

胡应麟，明朝著名学者、诗人和文艺批评家。他广交天下，无论贵贱。深谙浙东学术之真谛，吸取宇内文章之精华，他说：“孙武十三篇为百代谭兵之祖”。

中国孙子兵法城

后　记

为了提高国民的文化自觉和文化自信，为建设社会主义文化强国添一块砖、加一片瓦，我们花费了数年时间编纂了这套定名为“提问诸子”的丛书。我们的人手不多，写作这样大部头的书稿实在有点勉为其难。好在大家都有决心，齐心协力地干，几易其稿，现在终于可以面世了。

有朋友看了样稿后赞道，这是对国学精当的阐释和大胆的浅化。这当然是同道的过誉和奖掖，对我们来说实不敢当。国学博大精深，涵盖了中国固有的文化和学术，除我们涉及的子学外，还包括医学、戏剧、书画、星相、数术等方面的传统文化。若以学科分，应分为哲学、史学、宗教学、文学、礼俗学、考据学、伦理学、版本学等，其中以儒家哲学为主流。若以思想分，先秦时期就有所谓的“诸子百家”，形成了儒家、道家、法家、墨家、兵家等思想体系。我们触及的只是整个国学中的冰山一角，岂敢以偏概全？所言“精当的阐释和大胆的浅化”，倒确是我们的初衷之所在。这个“子”那个“子”，历代统治者为了一己之利，早已把他们涂抹得面目走样了，为文化自觉和自信计，非得还其原本的真相不可。在“精当”两字上，我们确是花了不少气力的。至于浅化，那更是当务之急。“提高全民族文化素质，增强国家文化软实力”，应是国策。既然这是关乎“全民”“国家”的事，岂有不浅化之理？

需要说明的是，本丛书靠的是集体的智慧和力量。除了笔者的努力外，丛书主编黄坤明先生在选题和框架构想的设定上功不可没。在编撰过程中，得到了国家图书馆、上海图书馆、中华书局、商务印书馆、人民出版社、上海人民出版社、上海古籍出版社，以及诸子故居所在地纪念馆及地方政府的支持，他们给我们提供了大量的珍贵资料和照片，也提出了许多可贵的意见。在编写过程中，我们采纳了张晓敏、江曾培、李国章、陈广蛟、秦志华等先生的许多真知灼见，有关编辑胡国友、刘寅春、李梅、李琳、贺寅、周俊、金燕峰、孙露露、王华、王凤珠等作了精到的修饰和校正，在图文合成中，得到了梁业礼、王轶颀、本本、曾初晓、卢鹏辉、卢斌等的帮助，倪培民教授为丛书简介作了英文翻译，在此一并致谢。

当然，由于作者学力有限，必有偏差、失当和粗疏之处，在此诚望方家好友不吝指教，以待重版时修正。书中的图片有的是请友人实地拍摄的，有的是购买或有关方面赠送的，在此表示谢意外，谅不一一注明了。还有极个别图片已多处使用，且署名不一，实难确定作者。有的图片虽经寻访，但仍然找不到原作者。日后这方面的工作如有所进展，定当按相关规定付以稿酬。

作者

2011年10月18日